Christine Nöstlinger

Liebe macht blind – manche bleiben es

Christine Nöstlinger

Liebe macht blind – manche bleiben es

Herausgegeben von Hubert Hladej

Residenz Verlag

Bibliografische Information der Deutschen Nationalbibliothek
Die Deutsche Nationalbibliothek verzeichnet diese Publikation in der Deutschen Nationalbibliografie; detaillierte bibliografische Daten sind im Internet über http://dnb.d-nb.de abrufbar.

www.residenzverlag.at

2. Auflage 2012

Umschlaggestaltung: www.boutiquebrutal.com
Umschlagbild: Peter Rauchecker für Boutique Brutal
Grafische Gestaltung/Satz: www.boutiquebrutal.com
Gesamtherstellung: CPI Moravia

ISBN 978-3-7017-1600-5

1. Geben Sie nach?

Kein Humor

Frauen, das ist in Männerkreisen kein Geheimnis, haben leider keinen Humor. Also, zumindestens haben sie viel weniger Humor als Männer! Wissenschaftliche Beweise dafür gibt es natürlich nicht, aber es liegt doch – bitte schön – klar auf der Hand! Das merkt man ja allein schon daran, dass alle Personen, die einen Wissensschatz von über tausend Witzen ihr Eigen nennen und aus diesem reichen Angebot gern allerlei zu Gehör bringen, männlichen Geschlechts sind. Die Annahme, dass Männer ein wesentlich leichteres Leben als Frauen und daher auch besser lachen hätten, ist sicher irrig. Das größere Humor-Potenzial der Männer dürfte in der Erbmasse liegen. Man redet zwar fälschlicherweise vom „Mutterwitz", aber der „Vaterwitz" wäre wohl der Wahrheit näher.

Schon an Kleinkindern merkt man das Humor-Manko der Mädchen. Da hat so ein kleiner, witziger, lustiger Lausbub den humorvollen Einfall, seine kleine Freundin mit einer Spinne zu necken. Mit dem allerliebsten Lausbubenlachen auf den Lippen, wirft er die Spinne seiner kleinen Freundin an die Nase. Und was tut das humorlose Mäderl? Es kreischt, zappelt und heult! Unter Umständen gibt es dem humorigen Knaben sogar eine Watsche. Jedenfalls nimmt es übel und zeigt keine Spur von Gespür für das Humorige an der Situation!

Und diese unterschiedliche Begabung für Humor verstärkt sich noch beim Heranwachsen; der männliche Mensch vertieft

und verbreitert sie, beim weiblichen Menschen verkümmern die minimalen Ansätze völlig.
Nehmen wir als Beispiel das Ehepaar Meier. Herr Meier, ach, was kann der lachen! Am liebsten lacht er über Frau Meier. Die braucht sich bloß einen neuen Hut zu kaufen und aufzusetzen, und schon kriegt Herr Meier Zwerchfellstechen vor lauter Heiterkeit! Aber ein neuer Hut muss nicht unbedingt sein! Auch die Art, wie Frau Meier redet, reizt Herrn Meier zum Lachen. Auch wenn Frau Meier vor etwas Angst hat, kann sich Herr Meier darüber köstlich amüsieren. Wenn die Kinder frech zu ihr sind, kommt Herr Meier aus dem Kichern gar nimmer raus! Menschenfreundlich, wie Herr Meier ist, will er seinen Spaß natürlich mit anderen teilen. Darum erzählt er gern im Freundeskreis, was seine Frau so tut und redet, wie sie mit dem neuen Hut ausschaut und welch komische Missgeschicke ihr schon wieder unterlaufen sind. Der Mann hat eben Humor! Frau Meier hingegen lacht selten. Sie sagt, sie müsse ihren ganzen Humor darauf verwenden, Herrn Meier auszuhalten.

Geben Sie nach?

Las ich doch unlängst auf einem Zeitungstitelblatt fett gedruckt: Bei Ehestreit geben Männer öfter nach.

Ei potz, dachte ich mir verdutzt, denn nachgebende Männer entsprechen in keiner Weise meiner langen Lebenserfahrung. Doch dann, ins Blattinnere vorgedrungen und „en détail" lesend, war ich wieder beruhigt!

Die Männer, besagt eine Meinungsumfrage, stehen einen Streit mit der Ehefrau nicht bis zum Ende durch, sondern ziehen sich in den „Schmollwinkel" zurück.

Und dieses soll Nachgeben sein? Da kann eine alte Ehefrau bloß bitter lachen! Wer in regelmäßigen Abständen den Herrn Gemahl aus dem Schmollwinkel herauszuholen hat – und welche Ehefrau hätte das nicht –, der weiß ganz genau, dass der Rückzug in den Schmollwinkel das Gegenteil von Nachgeben ist. Der „Schmollwinkler" zwingt seine Frau zum Nachgeben! Schmollen ist eine besonders hinterhältige Taktik im ehelichen Kleinkrieg!

Gegen den Schmollenden helfen keine guten Argumente, keine Drohungen, keine Schimpftiraden. Da hilft auch kein Geschrei, kein Weinen, kein Bitten, kein Flehen und kein Angebot auf Waffenstillstand, denn wer schmollt, verweigert sich und lässt sich auf keinerlei Debatte mehr ein.

Der Schmoller geht aufs Ganze und weiß, dass es ihm – über kurz oder lang – zufallen wird.

Um das zu erreichen, bleibt er natürlich keineswegs in seinem „Winkel“, wo man ihn übersehen könnte. Er bewegt sich matten Schrittes durch die ganze Wohnung, wobei seine Schultern und Mundwinkel hängen. Hin und wieder seufzt er. Muss er unbedingt Antwort geben, bescheidet er sich auf „Ja“ oder „Nein“, so er nicht mit „hmpf“ das Auslangen findet. Und hat er Kinder, bringt er denen durch körpersprachliche Signale bei, wie sehr er leidet und dass an diesem jämmerlichen Zustand sein Eheweib die Alleinschuld trägt. Worauf dann der gerührte Nachwuchs der Mama die empörte Frage stellt: „Warum bist du denn so böse zum Papa?“

Wenn nicht schon vorher, so spätestens dann gibt die Ehefrau nach und macht dem „Schmollwinkler“ alle Zugeständnisse, die es braucht, um aus ihm wieder einen Menschen zu machen, mit dem Zusammenleben möglich ist. Und sie nimmt es sogar hin, dass der aus seinem Schmollwinkel Heimgekehrte sich als der Nachgebende sieht und auch als solcher gesehen werden will!

Wohin geht's denn heuer?

Familien, in denen alle Mitglieder Sehnsucht nach einem gemeinsamen Urlaubsziel haben, sind gut dran. Familien, in denen alle Mitglieder so weit erwachsen sind, dass bei Unvereinbarkeit der Wünsche getrennte Reiseziele angepeilt werden können, haben auch keine Probleme.

Aber wenn in einer Familie, bestehend aus Papa, Mama, zehnjährigem Sohn und dreizehnjähriger Tochter, die Urlaubswünsche enorm verschieden sind, kann die angeblich „schönste Zeit im Jahr" zum Höllenverdruss werden.

Burli will wieder auf den Bauernhof, wo man voriges Jahr gewesen ist. Weil er dort auf dem Traktor fahren darf und mit dem Sohn vom Bauern ein Baumhaus bauen will.

Mädi sagt, wenn man sie zwingt, wieder in dieses „Nest" zu fahren, wird sie trübsinnig. Ans Meer will sie! Exakt an den Strand, wo der „tolle Typ" aus der 4c in der Sonne braten wird.

Papa möchte, so wie sein Sohn, in der Heimat bleiben, aber nicht in der flachen Gegend, wo sich das „Nest" befindet, sondern dort, wo Bergesgipfel hochragen, die man erwandern kann.

Mama will nichts erwandern, nicht am Strand liegen und nicht Traktor fahren. Mama träumt von einer Ungarnreise, von Örtchen zu Örtchen, wo mutterseitliche Verwandte leben, die sie endlich kennen lernenwill.

Setzt Papa seine Berge durch, verbindet sich der Nachwuchs in rarer Einigkeit zu einer Verdruss-Gemeinschaft, die bereits nach zehn Wanderminuten wegen angeblicher Druckstellen an den haferlbeschuhten Fersen am Wegesrand in Streik tritt.

Setzt Mädi ihr Meer durch, legen sich Papa und Burli am zweiten Urlaubstag einen Sonnenbrand zu und mit diesem zu Hotelbett und tun, als ginge es ihrem Ende zu.

Obsiegt Burli mit seiner „Nest"-Sehnsucht, verfällt Mädi in totale Depression und Papa mit ihr, indem er unentwegt zum Horizont starrt, wo er, in unerreichbarer Ferne, Gipfel ahnt.

Und wenn Mama ihren Wunsch durchsetzt? Ach, die versucht das erst gar nicht. Die spart sich lieber ihrer Nerven Kraft, damit im Urlaub dann so reichlich davon vorhanden ist, dass sie die zwei „Urlaubsverlierer" ohne Zusammenbruch durchsteht.

Ein Urlaub für Mama in der Nervenheilanstalt wäre zwar eine friedliche Sache, die Mama als Alternative zu Ungarn ganz lieb wäre, aber ohne Mama macht ja dem Rest der Familie weder Strand, noch „Nest", noch Gipfel richtig Spaß!

Vorsicht bei der Rücksicht!

In einer Ehe – das erfährt man spätestens beim Trauungsakt von der standesamtlichen Person – haben die Partner Rücksicht aufeinander zu nehmen. Und wer dort sein „Ja" haucht oder rausposaunt, nimmt sich in dem Moment wohl auch redlich vor, diese Rücksicht zu tätigen; mag kommen, was da wolle!

Gut geht es sorglosen Leuten, die im Laufe der Jahre ein bisserl vergessen, was sie sich auf dem Standesamt bezüglich Rücksicht vorgenommen haben.

Wesentlich härter ist der Alltag derer, die zu ihrem Rücksichts-Vorhaben eisern stehen. Der Mensch will nämlich für gute Taten – und Rücksichtnahme gehört zu diesen – gelobt werden. Aber je perfekter Rücksicht auf den Partner geübt wird, umso weniger bemerkt dieser, dass sie überhaupt geschieht, und sieht keine Veranlassung zum Lob.

Seit fünfzehn Jahren etwa schaltet Frau M. jeden Abend, wenn sie hört, dass Herr M. die Wohnungstür öffnet, den Fernseher aus. Obwohl zu diesem Termin seit fünfzehn Jahren Serien laufen, die sie gern sieht. Sie tut es aus Rücksicht auf Herrn M., der es nach der Arbeit friedlich-still mag.

Aus Rücksicht auf ihn sagt sie nie, dass sie ans Meer fahren will. Weil er die Berge liebt! Aus Rücksicht auf ihn lädt sie ihre Schwester nie ein. Weil ihn die nervt! Sie kauft keine rosa Vorhänge, weil er Rosa nicht mag. Sie hat sich sogar die wiehernde Art zu lachen abgewöhnt, weil ihn die gestört hat.

Und wenn er am Sonntag lang schlafen will, liegt sie still neben ihm, weil er einen „seichten Schlaf“ hat und ihn das Quietschen der Matratze – so sie sich erheben tät – munter machen würde. Alles aus Rücksicht!

Herr M. aber ist harmlos der Meinung, dass seine Frau am TV-Vorabendprogramm kein Interesse hat und grüne Vorhänge liebt, dass sie ihre Schwester und das Meer genauso wenig mag wie er und den Schlaf am Sonntagmorgen genauso liebt wie er. Und dass sie seit einiger Zeit anders lacht, na ja, das ist angenehm, aber warum das so ist, darüber hat er nicht nachgedacht.

Dann kommt Herr M. eines Tages heim, Frau M. kocht Grammelknödel, weil Sohn M. selbige liebt. Herr M. sieht's und sagt: „Die mag ich doch nicht, na ja, auf meine Gustos nimmt man ja nicht Rücksicht!“

Da flippt Frau M. plötzlich aus! Schreit, haut den Topfdeckel zu Boden und droht mit Scheidung!

Und Herr M. hält das für einen kurzfristigen Anfall von Irrsinn, bedingt durch die Wechseljahre.

Also Vorsicht bei der Rücksicht!

Wohin mit dem Kummer?

Wirklich „gute Freunde" hat man gottlob nicht nur für Jux und Tollerei und heitere Stunden im Leben, sondern auch für die „beladenen" Zeiten. Da darf man bei ihnen „abladen". Aber kaum einer der guten Freunde sieht sich als „sprachloser Abladeplatz", welcher Kummer nur anhört, verständnisvoll nickt, mitleidig seufzt, ein Taschentuch reicht und – bei Bedarf – sanft unser zitterndes Handerl tätschelt.

Gute Freunde neigen dazu, unseren Kummer „auseinanderzunehmen", die tieferen Ursachen hinter den akuten Anlässen aufzudecken, Ratschläge zu geben und hinterher zu beobachten, ob unsereiner die Ratschläge auch beherzigt. Und weil das so ist, sollte sich jeder Mensch für jeden Kummer den passenden Menschen zum „Abladen" auswählen.

Nehmen wir den Fall eines argen Ehestreits. Da hat also die Grete schrecklichen Kummer mit ihrem Hans. Trägt sie ihren Kummer zur Anna, von der sie weiß, dass die den Hans nicht mag, hat sie zwar zu erwarten, dass ihr diese Freundin absolut recht geben wird, aber sie wird auch hören: „Ich hab dir ja schon voriges Jahr gesagt, dass du dich scheiden lassen sollst!"

Und schluchzt dann die Grete aufgrund ihrer tristen Tagesstimmung: „Morgen geh' ich zum Anwalt!", so steht sie zwei Wochen später, nach der Versöhnung mit dem Hans, auf zwiespältigem Freundesfuß mit der Anna, muss versuchen, dieser die

„guten Seiten“ vom Hans darzulegen, und erntet Blicke, die besagen: Bei dir sind Hopfen und Malz verloren!

Trägt die Grete aber den Kummer zur Maria, die den Hans sehr mag, versucht diese unentwegt, Hansens Standpunkt darzulegen, einer angeblichen „Objektivität“ verpflichtet. Und wer will die schon, wenn er auf Trost aus ist?

Zudem neigen ja Marias und Annas meistens dazu, Freundeskummer wiederum mit anderen Freunden zu besprechen. Oh nein, das ist kein Tratsch! Das ist nur „echte Betroffenheit“, die man nicht bei sich behalten kann!

Aber es gefällt einem halt weniger, drei Monate nach der Versöhnung mit dem Ehemann auf der Straße von einer flüchtigen Bekannten gefragt zu werden, wie denn die Scheidung so verlaufen sei!

Hören Sie auf mich: Laden Sie Kummer bei Ihrer Katze ab! Die lässt sich das Fell nass weinen, schnurrt tröstend, erzählt nichts weiter, gibt keine Ratschläge, und ihr unergründlicher Katzenblick sagt Ihnen, dass Menschenkummer so ernst wieder auch nicht zu nehmen ist.

Jacke wie Hose

In der Ehe von Gerti und Gustl kriselt es. „Gustl ist schuld“, sagt Gerti. „Gerti ist schuld“, sagt Gustl. Die konträren Ansichten über die Schuldfrage teilen sie nicht nur einander mit, sondern auch Franz und Frieda, dem mit ihnen befreundeten Paar; wobei sich Gerti bei Frieda ausspricht, Gustl bei Franz. Möglicherweise wegen „Solidarität mit Geschlechtsgenossen“, vielleicht auch, weil Franz und Frieda jeweils nur von „einer Seite“, also einseitig, informiert werden, teilt Franz hundertprozentig Gustls Meinung, Frieda geht mit Gerti ebenso hochprozentig konform; was problematisch ist, weil Frieda und Franz nun regelmäßig, wenn sie mit brandneuen Krisen-Details einseitig versorgt sind, einander von ihrer Sicht der Schuldfrage überzeugen wollen. Franz erklärt Frieda, wie unschuldig Gustl sei und wie unmöglich sich Gerti aufführe. Frieda erklärt Franz, wie unschuldig Gerti sei und wie unmöglich sich Gustl aufführe. Natürlich lässt sich keiner überzeugen, worauf sie einander Blindheit und Voreingenommenheit vorwerfen, und eskaliert der Stellvertreter-Krieg, schreit Frieda: „Du hältst ihm ja nur die Stange, weil du genauso ein Idiot bist wie er!“ Und Franz brüllt: „Und du bist genauso ein Trampel wie sie!“

Gerti ist natürlich kein Trampel, Frieda ist auch keiner, Gustl ist ebenso wenig ein Idiot wie Franz, aber in der beiderseitigen Beleidigung steckt doch ein Körnchen Wahrheit. Genauso wie Gerti ist Frieda nämlich insofern, als beide an ihren

Männern die gleichen Eigenschaften und Angewohnheiten hassen, und genauso wie Gustl ist Franz insofern, als beide an ihren Frauen die gleichen Eigenschaften und Angewohnheiten hassen. Eheliche Konflikte unterscheiden sich in der Regel eben kaum voneinander, so „einmalig“ sie einem auch vorkommen, so sie einen selbst betreffen.

Sitzen zehn Frauen beisammen und reden darüber, was sie an ihren Männern „zur Weißglut bringt“, hört man üblicherweise „Genau wie bei uns“ oder „Könnte der Meine sein“. Und der fünf Mal geschiedenen, zum sechsten Male verheirateten Dame tun die Leute unrecht, wenn sie kopfschüttelnd sagen: „Jetzt ist sie schon wieder auf denselben Typ reingefallen und hat die gleichen Probleme mit ihm wie mit den Verflossenen, die lernt wohl nie dazu!“

Am Dazulernen liegt's nicht, an den Männern liegt's, die sind einander zu ähnlich, Jacke wie Hose, wen man nimmt, alle ein und derselbe Typ, machen daher allesamt Frauen die gleichen Probleme!

PS: Ob Männer bezüglich Frauen gleicher Ansicht sind, weiß ich nicht. Denn zehn Männer, die zusammenhocken und über ihre Frauen reden, wurden noch nie gesichtet …

Wer suchet

„Wer suchet, der findet!" ist ein guter Rat, wenn es um ein spezielles Pullimodell geht, um ein Urlaubsquartier exakt nach Wunsch oder um einen preiswerten Gebrauchtwagen. Aber bereits wenn es um Schwammerln geht, funktioniert das Suche-finde-Prinzip nimmer; das weiß ich aus Erfahrung, denn auf den Flecken Waldboden, wo ich intensiv suche und nichts finde, findet ein anderer, ohne viel zu suchen, ein Körberl voll!

Und wenn es um einen Partner fürs Leben oder auch nur für ein paar Jahre geht, ist Suchen schon gar kein Weg zum Finden. Das gilt für Männer wie für Frauen, aber für Frauen leider noch ein bisserl mehr. Des „suchenden Mannes" erbarmen sich wenigstens Frauen, deren mütterlicher Instinkt übermäßig ausgeprägt ist, weil ein „suchender Mann" meistens als hilfloses, von schlechten Erfahrungen erschüttertes und bitter enttäuschtes Wesen auftritt. Und das rührt manch Frauenherz!

Aber Männerherzen sind nicht leicht zu rühren: Erkennt Mann, dass eine Frau „auf Suche" ist, wird er abweisend. In Liebessachen ist es eben nicht wie bei Konsumartikeln, wo mehr Werbung bessere Verkaufschancen garantiert und Anpreisen Erfolg bringt. Ich kenne etliche Frauen, die jahrelang intensiv „auf Suche" waren, aber kein männliches Wesen ließ sich von ihnen „finden".

Dann hatten sie die Sucherei satt und beschlossen, dass ein Leben als Single auch recht schön sein kann. Hernach dauerte es nicht mehr lang, bis sie von einem Mann „gefunden“ wurden. In einem Fall war der Finder sogar genau der Mann, den die Frau ein Jahr lang davon hatte überzeugen wollen, dass sie die optimale Partnerin für ihn sei. Aber solange sie ihm das gezeigt hatte, war er „nicht interessiert“. Erst als er nimmer Objekt ihrer Begierde war, wurde sie Objekt der seinen.

Vernünftig ist es freilich nicht, angebotene Zuneigung abzulehnen und lieber hinter verweigerter her zu sein. Dass es unvernünftig ist, sieht man ja daran, dass sich sehr oft ein mühsam „selbst gewählter Partner“, endlich errungen, als völlig unbrauchbar zum Miteinander-Leben erweist. Aber in der Liebe geht es wie beim Schwammerlsuchen zu. Kein Mann will Schwammerl sein, jeder Schwammerlsucher, und die raren Schwammerln sind die begehrtesten.

Etwa die Trüffel! Auch wenn die gar nicht so erlesen schmeckt, wie immer behauptet wird, gilt sie einfach ob ihrer Seltenheit als Nonplusultra-Gaumenfreude. Würden Trüffeln wie Brennnesseln den Zaun entlang wachsen und im Winde raunen: „Pflück mich!“ – keiner würde viel Geld für sie zahlen. Womit ich natürlich nicht sagen will, dass alle Männer „Trüffelschweine“ sind.

Zähne zeigen ...

Heute holte ich aus meinem Briefkasten ein „Probe-Exemplar" einer Damenzeitschrift der gehobenen Luxussorte. Gratis! Die kostenlose Lektüre des dicken Hochglanzdings soll mich wohl dazu animieren, es fürderhin für 4 Euro regelmäßig anzukaufen. Und ich muss gestehen, ich trage mich auch mit dieser Absicht, denn das „Probe-Exemplar" allein schon vermittelte mir Weisheiten, von denen ich bis jetzt nichts geahnt habe. Etwa die, warum Männer hinter manchen Frauen her sind und hinter anderen nicht.

Also: Die Entscheidung, liebe Leserin, ob ein Mann hinter Ihnen her zu sein gedenkt, fällt in 30 Sekunden! In dieser kurzen Zeitspanne „checkt" er alles an Ihnen ab, und wenn Sie wollen, dass er „hinterher" ist, dann haben Sie Folgendes zu beachten: Sie müssen mittelmäßig verhüllt sein. Nachlässige Kleidung irritiert Männer, zu modische Klamotten irritieren ebenfalls. Dieses Mittelmaß sollte auch für blanke Haut gelten. Nicht zu wenig, nicht zu viel ist da die Devise. Also: Prunkt Ihre untere Hälfte bereits im „Mini", verhüllen Sie die obere Hälfte Nonnen-like, ist Ihre obere Hälfte bloß mit einem klitzekleinen Top angetan, sollten Ihre Beine bis zu den Knöcheln rockumweht sein. Und nun kommen wir zum Gesicht!

Sie brauchen:

Hohe Backenknochen.

Große und weit auseinanderstehende Augen.

Ein Lächeln, das so breit wie die Hälfte Ihres Gesichtes ist.

Eine Nase, die nicht mehr als 5 Prozent Ihrer gesamten Gesichtsfläche einnimmt.

Hohe Augenbrauen.

Ein schmales Kinn.

Große Pupillen.

Blonde und dazu noch lange Haare.

Und klein zu sein ist auch erforderlich! Darum buckeln und ducken Sie sich wenigstens, wenn schon Ihre Nase 8% der Gesichtsfläche ausmacht oder Ihre Backenknochen zu weit dem Halse zu liegen. Und bringen Sie in dieser Haltung, bitte schön, einen „offenen Blick“ zuwege, denn den mögen Männer. Aber wenn Sie partout nicht offen blicken können, dann streichen Sie wenigstens durch Ihr Haar. Warum? Das signalisiert, dass Sie Schutz brauchen und gestreichelt werden wollen, und wirkt anziehend auf Männer. Lächeln müssen Sie natürlich auch. Dabei sollten Sie die Zähne zeigen, denn dieses ist, laut Verhaltensforschung, eine Unterwerfungsgeste, welche ausdrückt: Du brauchst keine Angst vor mir zu haben, tritt mir ruhig näher!

Falls Ihnen, liebe Leserin, die Tipps des Damenjournals nicht helfen, hätte ich noch einen auf Lager. Der ist mir bei „Verhaltensforschung“ eingefallen. Schimpansen kratzen sich angeblich gern am Kopf, um Kontaktbereitschaft zu signalisieren!

Im Gespräch

Männer und Frauen passen eigentlich überhaupt nicht zusammen, sagen viele Psychologen. Wenigstens dann nicht, wenn es darum geht, miteinander ein Gespräch zu führen. Das schaffen die beiden Geschlechter einfach nicht! Können sie auch gar nicht, denn die Männer „kämpfen" angeblich unentwegt gegen ihren Gesprächspartner an, dauernd geht es ihnen nur – ob bewusst oder unbewusst – darum, Macht auszuüben, das Gespräch zu dominieren, sich dem anderen überlegen zu fühlen, ihn zu unterjochen und damit dem eigenen Standpunkt zum eindeutigen Sieg zu verhelfen.

Die Frauen hingegen, sagen diese Psychologen, sind immerzu bestrebt, im Gespräch „Beziehungen aufzubauen", und das schließt ein, dass sie den Standpunkt des Gesprächspartners verstehen wollen und bereit sind, darauf einzugehen. Sie wollen Meinungen austauschen, daran, den Gesprächspartner zu bekämpfen, ist ihnen überhaupt nicht gelegen. Und so ergibt es sich also im Gespräch zwischen Mann und Frau, dass die beiden, je länger sie aufeinander einreden, umso mehr aneinander vorbeireden.

Als Frau hört man solche Behauptungen ja unheimlich gern, weil den Frauen in diesem Fall von den Psychologen eindeutig die bessere „Note" gegeben wird. Auf den Gesprächspartner eingehen ist schließlich menschenfreundlicher, als ihn besiegen zu wollen. Doch hundertprozentig daran zu glauben, dass es wirklich so zugeht im Leben, fällt einem nicht gerade leicht. Mag ja sein, dass die Absicht der meisten Männer der „Sieg“ im Gespräch ist, dass sie alle gern große „Kämpfer“ in der Redeschlacht wären. Und untereinander, so von Mann zu Mann, mag das auch funktionieren.

Aber mit uns Frauen doch nicht, denn die Waffen im Gespräch sind halt nun einmal die Wörter. Und jeder Mensch, der nicht völlig taub durchs Leben geht, weiß doch: Von dieser Waffenart besitzen wir Frauen ein schier unbegrenztes Arsenal, das nie leer wird. Während die Männer da sehr oft gewaltige Nachschubprobleme haben und ihnen schnell die Munition ausgeht. Wenn die Geschlechter zum großen Wettkampf im „Niederreden“ antreten würden, wäre es doch gar keine Frage, wer da die Siegerplätze belegen würde! Da käme der beste männliche Teilnehmer allerhöchstens auf Rang dreiunddreißig!

Männliche zwischengeschlechtliche Taktik im Meinungsaustausch ist stures, beleidigtes Schweigen oder kurzatmiges Gebrüll. Und diese Taktik wird eingesetzt, weil eben die Frau unweigerlich als Sieger aus dem Gespräch hervorgehen würde. Und dass sie den Sieg gar nicht beabsichtigt, sondern nur den Mann besser verstehen will, also – bittschön! – diese Meinung wäre schon ein wenig naiv.

Diät ist, wenn man's trotzdem macht!

Abmagern ist – auch wenn Frauenzeitschriften in Diät-Fahrplänen das Gegenteil behaupten – keine leichte Sache, sondern ein harter Kampf. Und wer meint, dass man diesen Kampf nur gegen sich selber führen muss, der hat entweder noch nie „abgespeckt" oder es unter ungewöhnlich günstigen Umständen getan.

Normalerweise hat der, der Gewicht verlieren will, in seiner Umgebung Leute, die diesem Wollen den Kampf ansagen.

Da ist zuerst einmal der mütterliche Elternteil, der vom Abmagern nichts hält, weil für ihn sein Kind ohnehin das schönste auf der Welt ist und bei Gewichtsverlust im Fall einer Grippe nichts „zuzusetzen" hätte. Also kocht die Mama sämtliche Lieblingsspeisen des Diätwilligen und bringt allein durch deren Duft den stärksten Willen ins Wanken.

Sollte der besorgte Elternteil der väterliche sein, kommt er plötzlich, ganz gegen seine Art, mit Zuckerbäckerpackerln zu Besuch oder spricht Esseinladungen in teure Restaurants aus.

Genauso schlimm sind Leute, die eine erfolgte Gewichtsabnahme – wie folgt – kommentieren: „Ja, ja! Jetzt ist dein Busen weg, aber dein Hintern ist gleichgeblieben. Dadurch wirkt er viel dicker!"

Am gemeinsten aber benimmt sich der in der Familie, der dicker ist als der Abmagernde. Dieser Mensch fühlt sich persönlich getroffen, denn nichts vernichtet einen 80-Kilo-Menschen mehr als ein 60-Kilo-Mensch, der erklärt, er sei ein hässlicher Fettklumpen und müsse sein Gewicht auf 50 Kilo reduzieren, um wieder zu ein bisschen Selbstwertgefühl zu kommen.

Wie soll sich der 80-Kilo-Mensch bei solchen Reden fühlen? Mies muss er sich fühlen! Und um 20 Kilo dicker, als er ohnehin schon ist! Weil sich dieser Mensch aber nicht mies und 100 Kilo schwer fühlen möchte, muss er den Futterverweigerer zum Essen bewegen.

Alle Tricks lässt er spielen, mit jeder List arbeitet er und gerät, wenn das nichts nutzt, in Panik. Ganz so, als ließe man ihn selbst verhungern. Und dann bekommt er die schrecklich üble Laune, die man Abmagernden so gern nachsagt.

Der, der wirklich abmagert, ist in diesem Zustand natürlich auch ein wenig übersensibel und hält es nicht aus, dauernd einen übel gelaunten Menschen um sich zu haben.

Also fängt er wieder zu essen an, und sein 80-Kilo-Gefährte nickt wohlwollend und sagt: „Ich hab' ja gleich gewusst, dass du das nicht durchhältst!"

Freizeit, richtig genützt

Freizeit, egal was der Einzelne darunter versteht und wie er sie zu verbringen beliebt, hat für uns alle ein Häuchlein vom Duft nach Freiheit an sich. Allerdings soll's auch Menschen geben, die mit heiß ersehnter Freizeit nichts anzufangen wissen, außer vor dem Fernseher vor sich hin zu dumpfen. Und so geht es nicht nur erwachsenen Männern, so geht es heute schon Kindern. Frauen, wenn sie als Single leben, wohl auch. Nur Frauen, die Mann und Kinder haben, bleiben von dem Problem unbelästigt; sie haben nämlich keine „Freizeit". Das heißt nicht, dass sie keine haben könnten. Sie wagen nur üblicherweise nicht, sich „frech" eine zu nehmen. So ein Haushalt ist nämlich endloses, uferloses Arbeitsgebiet, und ein Tag hat leider nur 24 Stunden.

Und so müsste die Hausfrau und Mutter die strikte Entscheidung treffen, wo und wann sie „Halt!" sagt und streikt. Das schafft sie im Regelfall, solang es um leblose Dinge geht. Die Wäsche ungebügelt, den Teppich ungesaugt, die Fenster ungeputzt zu lassen, um ein Stündchen Freizeit zu genießen, kriegt sie hin, falls sie keine Haushalts-Neurose hat. Weit schwieriger ist es, den Anspruch auf Freizeit gegen lebendige Menschen zu verteidigen.

Da hat man sich vorgenommen, endlich freizeitlich zu rasten, da kommt der Spross und verlangt: „Mama, erklär' mir die Rechnung!" Und da geht es ja nicht nur darum, dass man als Mutter Verantwortung für des Sprosses Bildung fühlt, man weiß doch: Der gibt keine Ruhe, bevor ich's ihm erklärt habe! Also hätte man ohnehin keinen freizeitlichen Frieden. Und wenn der andere Spross zur Reitstunde chauffiert werden will und der Mann das Loch in der Hosentasche geflickt braucht und beide Sprösse eine Gute-Nacht-Geschichte fordern, gibt man ebenfalls lieber nach und seine geplante Freizeit auf, als sie beinhart zu konsumieren.

Sogar wenn man sich vorgenommen hat, den Sonntag mit der Freundin zu verbringen, und dann kommt der Herr Gemahl heim und sagt, er habe für Sonntag den Hugo eingeladen, weil der endlich in den Genuss seiner Ehefrau köstlicher, selbst gemachter Lasagne kommen soll, disponiert man halt auch um. Kann man doch dem Gemahl nicht zumuten, dass er Hugo wieder „ausládt", das wäre ihm doch peinlich!

Und so knetet und walkt man am Sonntag Nudelteig, kocht Sugo, kocht Bechamel, reibt Käse, schichtet, bäckt und lässt sich schließlich vom mampfenden Hugo sagen: „Köstlich, köstlich, aber dass du dir die Riesenkocherei antust?" Worauf der Gemahl strahlend verkündet: „Kochen ist halt ihr Hobby!"

Und Hugo gratulierend hinzufügt: „Ein Glück, wenn der Mensch mit seiner Freizeit was Ordentliches anzufangen weiß. Schafft ja nicht jeder!"

„... aus Liebe“

Heutzutage ist das Familienleben ja schon ein halbwegs demokratisches. Die Zeiten jedenfalls, wo Kinder und Jugendliche nicht wagen durften, an ihren Eltern Kritik zu üben, sind vorbei.

Dass die Mütter wesentlich härter und öfter von den Kindern kritisiert werden als die Väter, liegt gewiss nicht daran, dass die Väter der „bessere Elternteil“ sind, sondern nur daran, dass Mütter wesentlich intensiver mit der Nachwuchsbetreuung befasst sind und dadurch viel mehr Angriffsfläche zum Aufbegehren und Motzen bieten. Und dass es unter den Kindern wiederum die Töchter sind, die an den Müttern am meisten auszusetzen haben, liegt wohl am Nahverhältnis Mutter/Tochter.

Und weil wir – gottlob! – nicht in Zeiten leben, wo Kinder duckmäusern müssen, tun Töchter ihre Kritik an Müttern eben lautstark kund (frühere Töchtergenerationen hatten an ihren Müttern garantiert nicht weniger auszusetzen, nur schwiegen sie halt brav).

Soweit ich es bei mir zu Hause und in meinem Bekanntenkreis feststellen kann, reagieren Töchter besonders kritisch, wenn die Mutter über zu viel Arbeit klagt und Beschwerde über den Ehemann führt, weil er nicht mithilft und sich wie ein Pascha bedienen lässt.

„Ja, warum bedienst du ihn denn?“, fragt die Tochter dann streng und hat auch gleich die Antwort parat. „Du redest dem Papa ja direkt ein, dass er zur Hausarbeit unfähig ist. Du willst ja gar nicht, dass er hilft! Oft schon wollte er etwas tun, aber du warst immer viel schneller und hast alles erledigt, bevor er sich dazu aufgerafft hat! Du willst nämlich unentbehrlich sein! Das ist es!“

Hört die einsichtige Mutter solche Kritik, geht sie in sich und fragt sich, ob da etwas Wahres dran sein könnte. Und hat sie einen speziell einsichtigen Tag, muss sie sich eingestehen, dass die Tochter gar nicht so unrecht hat. Aber leider, sagt sie sich dann seufzend, ist da nicht mehr viel zu ändern. Sie fühlt sich weder vital genug, ihr eigenes Verhalten grundlegend zu ändern, noch zäh genug, dem Partner nach so vielen Pascha-Jahren eine radikale Umerziehung angedeihen zu lassen.

Einen Trost aber hat die Mutter: Ihre Tochter, die ist emanzipiert und klug. Die wird das später anders machen! Die weiß nämlich, schon lange bevor sie noch einen Partner hat, wie gleichberechtigte Partnerschaft laufen muss!

Doch so ein netter Muttertrost währt auch nicht ewig. Da bringt dann nämlich die Tochter eines Tages einen netten Knaben ins Haus, und der wird dann, weil ihn die Tochter mag, zum ständigen Gast.

Und wer kocht dem netten Knaben Kaffee und ein Süpplein? Wer näht ihm den Knopf an und stopft seine Wäsche in die Waschmaschine und bügelt sie nachher? Die Tochter!

„Aber geh“, entgegnet die Tochter der mütterlichen Kritik. „Das ist doch was anderes! Ich lasse mich ja nicht unterdrücken. Die paar Handgriffe, die mache ich aus Liebe. Wer liebt, der rechnet nicht auf.“

Ach, ihr lieben Töchter! Glaubt ihr, bei uns hat das anders angefangen?

Der erste Eindruck

Mariechen ist Menschenkennerin! Um über jemanden Bescheid zu wissen, hat sie weder Informationen über ihn noch Gespräche mit ihm nötig. Sie ist in der schönen Lage „Blitzdiagnosen“ zu stellen, denn für sie ist einzig und allein der „erste Eindruck“ wichtig. Unsereiner, der nicht so begabt wie Mariechen ist, findet natürlich auch oft Menschen „auf den ersten Blick“ sympathisch oder unsympathisch. Aber Mariechen findet noch weit mehr! Mariechen findet etwa auf den „ersten Blick“ heraus, dass sie eben einen unerhört geizigen Mann kennengelernt hat. „Ja, hast nicht seine gierigen Augen gesehen?“, flüstert sie mir wissend zu.

Gierige Augen, das sind für Mariechen Augen, die eng beieinander liegen. Eine spezielle Erklärung dafür, warum gerade gierige Geizhälse mit solchen Augen durchs Leben gehen, hat Mariechen keineswegs parat. So was sagt ihr einfach ihr Gefühl! Manchmal nennt sie es auch: „Mein Instinkt!“

Dieser Instinkt sagt ihr auch, dass Menschen mit langen, dünnen Fingern, welche vorne spitz zulaufen, sehr „besitzergreifend“ sind. Und ein ganz gewisses Grübchen an einer ganz gewissen Stelle eines männlichen Kinns verrät Mariechen allerhand über das Verhalten des Grübchenträgers in Sachen Erotik.

Vor einem Jahr hat sich Mariechen von ihrem Mann scheiden lassen. Dieser Mann hatte dicke, rosige Patschhandi, an der gewissen Stelle am Kinn das gewisse Grübchen und Augen, die so schrecklich weit auseinanderstanden, dass es schon nicht mehr normal war. Mariechens Gründe zur Scheidung waren: „Geizig ist er! Und wahnsinnig besitzergreifend! Und außerdem bin ich zu jung, um wie Bruder und Schwester mit einem Mann zu leben!"

Selbstkritik in Sachen „Blitzdiagnose" übt Mariechen trotzdem nicht. Nein, sagt sie, auf den ersten Eindruck sei Verlass! Ihr Mann sei bloß die Ausnahme gewesen, die jede Regel bestätige.

Nur in einer Beziehung hält Mariechen nichts vom „ersten Eindruck". Dann nämlich, wenn es um den geht, den sie auf andere macht. „Was?" schluchzt sie. „Der Kerl hat mich für sauertöpfisch gehalten? Wegen meiner Falten von den Mundwinkeln zum Kinn? So eine Gemeinheit! Was kann denn ich für mein schwaches Bindegewebe! Ignorant, der!"

Und dann fügt sie, sich tröstend, hinzu: „Eh klar! Er hat ja auch angewachsene Ohrlapperln! Typisch für einen Ignoranten!"

Wie machen die das nur?

Eine ganz spezielle Sorte von Frauen sind die „Um-den-Finger-Wicklerinnen". Vertreterinnen dieser Frauensorte erzählen gern verschmitzt lächelnd, dass sie es überhaupt nicht nötig haben, „mehr Rechte für Frauen" einzufordern, denn sie – oberschlau und urcharmant, wie sie von Geburt an sind – erreichen bei ihren Männern ohnehin alles, was sie wollen. Sie setzen immer ihren Willen durch, und das, ohne dass ihr Mann überhaupt etwas davon merkt. Das naive Tschapperl glaubt zwar, es gehe alles nach seinen Wünschen, aber in Wirklichkeit – schmunzel, schmunzel, ha, ha!!! – führt daheim sein schlaues Weiblein das Regiment und lenkt seine Gedanken und seine Taten ganz nach ihrem Belieben.

Ich will nun gar nicht darüber sinnen, ob das die richtige Vorstellung von Partnerschaft ist, denn solidarisch, wie ich mit allen Frauen bin, sage ich mir: Jede Schwester soll mit der Methode, die ihr zusagt, glücklich werden. Nur würde ich gar gern wissen, wie denn das „Um-den-Finger-Wickeln" in der Praxis und im Detail vor sich geht. Das sagen die Frauen, die sich dieser Kunst rühmen, nämlich nicht. Da muss man erst nachbohren.

Wie bringt zum Beispiel Elvira mit Charme und Schläue den Ehemann in die Küche zum Geschirrwaschen? „Ach", sagt Elvira, „das will ich gar nicht, was soll ich mit dem Patschachter in der Küche, das mach ich mir lieber allein!"

Na gut, aber wie erreicht sie's, dass sie im Urlaub nicht ins Gebirge muss, wie der Ehemann will, sondern ans Meer, wie sie will? „Ach“, sagt Elvira, „was habe ich davon, wenn er am Meer dauernd motzt und ich seinen Sonnenbrand verarzten muss und seinen Durchfall wegen dem ungewohnten Essen auch? Da hab ich's im Gebirge besser, wo er ein rundum zufriedenes Kerlchen ist!“

Na, auch gut, aber wie wickelt Elvira den Ehemann um den Finger, damit er einverstanden ist, dass sie von ihrem ersparten Geld das Schlafzimmer neu tapezieren lässt? „Kein Problem“, sagt Elvira, „zuerst wollte er natürlich nicht, weil er meinte, ich solle ihm mein Erspartes für ein neues Auto geben, aber dann bin ich ihm dahintergekommen, dass er mit der Rosi ein Gspusi angefangen hat, und wie er gemerkt hat, dass ich es gemerkt habe, hat er nichts mehr gegen das Tapezieren gehabt, sogar mit einem neuen Doppelbett ist er jetzt einverstanden!“

Tja, wenn das so ist, dann kann man nur sagen: So viel Talent zum „Um-den-Finger-Wickeln“ ist wahre Meisterschaft, zu der man es nur bringen kann, wenn man die Tugend des Selbstbetrugs perfekt erlernt hat; was uns unschlauen, uncharmanten Normalfrauen irgendwie nicht und nicht gelingen will.

Enthemmt, verklemmt

Ein Mensch, so er alleine mit sich selbst ist, ist ein ganz anderer als in Gesellschaft.

Das merkt man schon an seinem Äußeren, wenn man ihm plötzlich, ohne dass er sich auf uns vorbereiten konnte, gegenübersteht.

Hurtig schließt der Mensch dann allerlei Knöpfchen, zieht Zippverschlüsse hoch, ordnet sein Haupthaar oder entfernt sich sogar kurz, um seine Kleidung zu wechseln, weil er „seinen Aufzug dem Besuch nicht zumuten kann".

Der Mensch, so er alleine mit sich selbst ist, geht auch mit seinem Körper anders um als unter Mitmenschen. Er kratzt ihn, er bohrt in ihm herum, er stochert, er reibt, er streichelt.

Er legt jedenfalls weit öfter Hand an ihn als unter Beobachtung.

Der Mensch, so er alleine mit sich selbst ist, benimmt sich auch seltsam. Er singt. Ein und denselben Refrain eines Liedes singt er. Und den Gesang passt er dem Tempo seiner Tätigkeit an. Beim Einseifen des Bauches klingt es wie ein Wiegenlied, beim Schuhputzen wie ein Kampflied.

Allein gelassene Menschen reden auch gern mit sich selbst und mit den Dingen, die sie gerade zur Hand nehmen.

„Ja, ja! Das hast du nun von deiner Schlamperei, mein gutes Kind!", sagt die Frau, die die Banküberweisung sucht, zu sich und dann, als sie sie gefunden hat, zur Banküberweisung: „Ach da bist du ja! Komm, jetzt füllen wir dich aus!"

Manche Menschen allerdings betragen sich auch so, als ob sie allein wären, wenn sie mit ihrem Ehepartner zu zweit sind.

Die Meinung darüber, ob das zulässig ist, divergiert. Die einen meinen, eine Partnerschaft müsse so sein, dass man sich nach intimer Lust und Laune – ganz so wie wenn man alleine wäre – benehmen dürfe. Sie haben ihre Knöpfchen ungeschlossen, ihre Zippverschlüsse offen, kratzen und bohren an sich herum und tönen dem Partner die Ohren voll und sind ganz erstaunt, wenn sie gefragt werden: „Was hast du gesagt?"

„Ach nichts! Ich hab' nur mit mir geredet", ist dann die Antwort. Die anderen wiederum spielen auch noch nach zwanzig Ehejahren auf „korrekt", muten dem Partner weder einen Lockenwickler über der Stirn noch ein Unterhemd zum Frühstück, weder einen Finger in der Nase noch den Anblick eines Hühnerauges zu.

Letztere sind verklemmt, Erstere enthemmt. Welche ein Leben lang besser auszuhalten sind, ist schwer zu entscheiden.

Richtiger streiten

Ich muss etwas loswerden, was heutzutage gar nicht „in" ist, was auch garantiert – psychologisch gesehen – grundfalsch ist: Ich glaube nicht ans „richtige Streiten"! Damit meine ich gar nicht, dass es nicht gut und wohltuend wäre, wenn Eheleute im Konfliktfalle in Rede und Gegenrede, ganz gleich welcher Lautstärke, das anstehende Problem bereinigen könnten.

Ich behaupte nur, dass die Sache, auch wenn sie einem noch so gut erklärt wird, selten funktioniert.

Ich behaupte sogar, dass es für viele Eheleute gar nichts nützt, das „richtige Streiten" perfekt zu beherrschen, wenn sie nicht in trauter oder untrauter Zweisamkeit leben, sondern in einem größeren Familienverband, der vom „richtigen Streiten" keine Ahnung hat.

Die Kinder, zum Beispiel, können beim „richtigen Streiten" ein arges Hindernis sein. Sie haben von Freunden und Mitschülern gehört, dass auf Ehestreit Ehescheidung folgt.

Dass das nur den „falsch" Streitenden passiert, wissen sie nicht.

Leicht kann es passieren, dass sie die häusliche Lage missdeuten. Es klingt ja schön, wenn man dagegen einwendet, das sei leicht aufzuklären, da müssten Papi und Mami bloß erklärend eingreifen. Tatsache ist aber, dass viele Kinder ihren Eltern von solchen Ängsten gar nichts erzählen und Papi und Mami oft nicht wissen, mit welchen Befürchtungen sich ihre geliebten Knirpse herumschlagen müssen.

Fast unmöglich wird aber der noch so richtig geführte Streit, wenn eines Streitpartners Mutter im Haushalt lebt. Ich – um einmal privat zu werden – müsste mit so einem Streit warten, bis Mitternacht vorüber ist und meine Mutter zu Bett gegangen ist, denn ihr „Zu meiner Tochter halten" und ihr helfendes Mitstreiten an meiner Seite würden dem Ehestreit eine Wendung geben, die kein gelernter und diplomierter Streiter gutheißen könnte.

Nach Mitternacht aber kann ich leider nur noch gähnen; was wahrlich keine günstige Ausgangsposition für mich im Streitfall wäre.

Ich für meinen Teil muss also weiter „cool" bleiben und relativ streitlos durchs Leben wandeln, solange man nur den „Partnern" und nicht den ganzen Familien das „richtige Streiten" beibringt.

Geld sparen – Blumen schenken

Der Mann säbelt eine Schnitte Brot vom Wecken, nimmt das Butterpaket, will Butter aufs Brot streichen, hält jedoch inne und starrt stirnrunzelnd auf das silbrige, grüngestreifte Paket.

„Wieso?“, fragt er. „Wieso haben wir keine Aktionsbutter?“

Die Frau, angestrengt in einen Topf mit Brodelndem starrend, zuckt mit den Schultern und murmelt: „Iss doch nicht immer knapp vor dem Essen! Das ist ein schlechtes Beispiel für die Kinder!“

„Dank der Aktionsbutter“, sagt der Mann, und in seiner Stimme schwingt Bitterkeit, „dank der Aktionsbutter haben sich im vergangenen Monat die Lebenshaltungskosten gesenkt. Der Warenkorb nämlich –“

Die Frau unterbricht ihn: „Alles wird teurer, nicht billiger, da hat sich nichts gesenkt!“

„Ich meine“, sagt der Mann und streicht Butter auf sein Brot, „die Lebenshaltungskosten sind weniger gestiegen durch die Aktionsbutter!“ Der Mann fuchtelt mit dem Buttermesser. „Aber du bist ja an der Senkung unserer Lebenshaltungskosten nicht interessiert.“

„Doch!“, sagt die Frau und rührt das Brodelnde durch.

Der Mann legt das bestrichene Brot weg und nimmt die Zeitung und hält sie der Frau hin. „Da lies!“, fordert er. „Das lässt sich sogar in Prozenten ausdrücken!“

Die Frau liest und ruft dann: „Aha! Typisch für dich! Das Wichtigste erwähnst du nicht!“

„Wieso?“, fragt der Mann.

Die Frau legt einen Finger auf eine Zeitungszeile und zitiert: „Durch die Preissenkung bei Aktionsbutter und Schnittblumen!“ Dann schleudert sie die Zeitung auf den Tisch. Die Zeitung sinkt flatternd auf das Butterbrot.

Die Frau ruft: „Würdest du mir regelmäßig Blumen schenken, hätten wir uns vergangenen Monat allerhand erspart!“ Sie runzelt die Stirn. „Dreißig mal zwanzig Rosen! Da machen zehn Prozent weniger schon was aus! Um das Geld, das du dir da erspart hättest, hätt' ich mir ein neues Kleid kaufen können!“

Der Mann starrt ergriffen.

„Aber so viel Butter“, fährt die Frau fort, „dass wir vom Preisunterschied reich werden könnten, kann ich gar nicht kaufen!“

Der Mann verlässt die Küche. Die Frau schaut trüb hinter ihm her und murmelt: „Immer wenn man ihm die Wahrheit sagt, geht er! Das verträgt er einfach nicht!“

Entrümpelst du mich, entrümple ich dich

„Man muss entrümpeln", sprach der Mann, mit dem ich den Haushalt teile, und schaute auf den Zwetschkenkrampus, der bei uns dort steht, wo bessere Leute eine beleuchtete Gondel haben. „Okay", murmelte ich, nahm den Zwetschkernen vom Fernseher und tat ihn in den Mistkübel.

„Und was ist mit dem?" Der Partner fixierte einen Osterhasen. Ich lehnte ab. So lange ist Ostern noch nicht her, dass Hasen keine Lebensberechtigung mehr hätten.

„Und dieses?" Angewidert stupste der Partner an ein Gurkenglas, in welchem dürre Artischocken stecken. „Die sind schön!", rief ich. „Die sind staubig!", rief er.

Diese Behauptung war nicht zu widerlegen, da die Artischocken, erschüttert vom Stups, nicht nur feinen Staub, sondern auch hartes Laub und flaumige Gebilde abgaben, die sanft im Raume umherschwebten.

Ein Mensch, dem nach Entrümpeln ist, gibt nicht so leicht auf. Nach meiner Weigerung, mich von den Artischocken zu trennen, musste ich meine Zigarettenkisteln verteidigen und die Olivenöldose. Wenn ich, bitte schön, aus dem Anblick einer uralten, leeren Dose ästhetischen Genuss ziehe, hat diese Dose eine echte Funktion auf meinem Nachtkastel!

„Aber die Schneiderpuppe!", sagte mein Partner. Ich gab zu, dass selbige keine echte Funktion habe, da ich keine 48er Rundbaufigur, Jahrgang 1907, besitze. Ich gab auch zu, dass das

Monstrum gebrechlich ist. Aber ich mag es! Es wieder in den Keller, aus dem ich es geholt habe, zu tragen, ist mir unmöglich.

So unmöglich wie das Wegwerfen der Schachteln mit den alten 6000-Teile-Puzzles. „Schenk sie jemandem!“, riet der Partner. „Geht nicht“, sprach ich, „da fehlen überall Steine!“

Da nahm mein Partner wortlos den Hut und entfernte sich. Und ich wandere jetzt herum, lasse mein Auge schweifen und liste auf: sechsunddreißig alte Batterien, ein Stoß gebrauchter Kalender, ein Spiel Karten ohne Herz-As, eine Lade voll Stoppeln, vier Einzelhandschuhe, ein Kubikmeter Zeitungen, fünf Westen ohne Anzug dazu, zwei nie gerauchte Pfeifen und ein brauner Koffer Marke „Russland-Heimkehrer“.

Ich bin gewappnet auf des Partners Wiederkehr! Entrümpelst du mich, entrümple ich dich! Und des Ausganges dieser Aktion gewiss, hole ich mir den Zwetschkernen wieder aus dem Mistkübel.

Wenn schon nicht, denn schon nicht! Und gar so lange, schließlich, dauert es bis zum nächsten Nikolotag auch nicht mehr.

Taschenproblem und Chancengleichheit

Zu den vielen Dingen, die noch der Veränderung bedürfen, damit Gleichberechtigung zwischen Mann und Frau herrschen kann, gehört ohne Zweifel das Oberbekleidungs-Taschenproblem.

Wenn man Taschen – in oder an Kleidungsstücken – nicht nur als Zier, sondern als Behälter versteht, kann man keineswegs von Chancengleichheit für uns Frauen reden.

Geht mein Mann – ohne Mantel – aus dem Haus, trägt er mindestens zehn dieser praktischen Behälter an sich. Herrenoberbekleidungserzeuger haben sie ihm liebevoll aufgesteppt oder eingeschnitten.

Hosensäcke hinten und vorn, Sakkoinnentaschen, Sakkoaußentaschen und Sakkobrusttaschen, Hemdbrusttaschen und – wenn's vornehm zugeht – Gilettaschen.

Der bekleidete Mann ist total funktionsfähig! Zigaretten, Feuerzeug, Brillen, Schlüssel, Kugelschreiber, Messer, Behelfe zur Familienplanung, Kalender und noch etliches mehr führt er mit sich und hat trotzdem beide Hände frei.

Frauen hingegen steppt man üblicherweise sinnlose Klappen an Jacken, unter denen sich gar nichts oder lächerliche Seidenbeutelchen befinden, die so seicht geschnitten sind, dass sie nicht einmal einen Schlüsselbund beherbergen können.

Und die Hosen verpasst man uns so eng anliegend, dass Kleingeld, in eine Hosentasche versenkt, zwar schmerzhaft den

Beckenrand drückend, latent seine Anwesenheit kundtut, aber – in der Straßenbahn etwa – zum Fahrscheinkaufen nicht verwendet werden kann, weil man es aus der „gutsitzenden Hose" nicht rauskriegt; es sei denn, man benützte eine schlanke, lange Pinzette.

Alles, was Männer griffbereit am Leib artig verteilt herumtragen, müssen wir Frauen in der Handtasche schleppen und werden dann mild belächelt, wenn wir emsig kramen und ewig nichts finden.

Einziger Trost an der Sache ist, dass Taschen, besonders solche aus Futterstoff, ein kürzeres Leben haben als die Kleidungsstücke, in denen sie sich befinden. Eine Handvoll Kleingeld – zum Beispiel – macht einen Männerhosensack in kürzester Zeit funktionsunfähig.

Aber echter Trost ist das auch nicht.

Wer hockt schließlich da und flickt die Säcke und stellt damit die Chancenungleichheit wieder her?

Wir taschenunterprivilegierten Frauen!

Und jeder, der in regelmäßigen Abständen neue Säcke in Herrenhosen einzusetzen hat, weiß, dass einem diese Tätigkeit keinen Trost vermitteln kann.

Von Bröslern und Männchenmalern

Es gibt Menschen, die stehen ein geselliges Beisammensein anscheinend nur durch, wenn sie dabei einer Nebenbeschäftigung nachgehen können. Während sie reden oder zuhören, müssen sie ihre Hände beschäftigen.

Die simpelste Art von Nebenbeschäftigung ist das Zeichnen. Findet einer dieser Menschen einen Kugelschreiber oder einen Bleistift, beginnt er zu arbeiten. Männchen, Häuschen, Gartenzäune, Bäumchen, was der des Zeichnens Unkundige halt so schwer zuwege bringt, wird auf Papierservietten, Bieruntersetzer oder Zeitungsränder gemalt.

Die Männchenmaler, so man sie als Gäste geladen hat, sind die, die kaum Arbeit machen. Mehr als ein hinterher leicht wegzuschaffender Haufen verkratzelter, verkritzelter Servietten kosten sie nicht.

Viel problematischer aber sind die Leute, die ich die „Brösler" zu nennen pflege. Gierig grapschen sie nach allem, was auf dem Tische liegt und zerbröselt werden kann. Flaschenkorken, Streichhölzer, Zahnstocher werden von ihnen auf winzige Partikel zerlegt und dann artig arrangiert.

Während Freundin Adi angespannt ihrem Ehemann lauscht, macht sie aus Korkenbröseln ein Häuflein, macht dann aus dem Häuflein einen Miniwall, sucht nach Materialnachschub, zerbröselt noch einen Korken, verlängert den Miniwall zu einer Korkenbröselstraße, ist mit dem Verlauf der Straße nicht zufrieden und arrangiert um, und wenn man ihr dabei zuschaut, muss man annehmen, nichts auf der Welt ist ihr im Moment wichtiger als ihr Korkenbröselspiel.

Aber noch irritierender sind die Leute, die aus Bierdeckeln Häuser bauen und das nicht wirklich gut können! Erkläre einmal einer einem die Weltlage, der andauernd nur „pscht!" murmelt, weil er Angst hat, der Atem, den der Weltlageerklärer empört ausstößt, könne den Bierdeckelturm zerstören.

Am meisten jedoch fürchte ich mich vor Leuten, die in Wachs arbeiten. Ihre Augen fangen schon zu glitzern an, wenn die sehen, dass der Gastgeber eine oder mehrere Kerzen am Tische entzündet hat.

Sie setzen sich an den Platz, der den Kerzen am nächsten ist, und sind vollauf damit beschäftigt, tropfendes Wachs einzusammeln. Und dann kneten und formen sie. Und wenn sie endlich weggegangen sind, hat man ein Tischtuch, dem auch die 90-Grad-Wäsche nicht mehr helfen kann.

Kein Bügeleisen zum Muttertag

Der Tag der roten Herzerln mit dem Goldranderl rückt unaufhaltsam näher. Schaufenster zeugen davon. Ob auf Rosenstöcken, Konfektschachteln, Handtaschen, Vergissmeinnicht-Schalen oder Parfümflaschen, überall prangt der „Der lieben Mutter"-Hinweis.

Ganz besonders aufmerksam werden vor dem zweiten Sonntag im Mai jedoch die Hersteller von Haushaltsgeräten. Die begnügen sich nicht mit einem aufgeklebten oder angebundenen Goldrandherzen. Die werben lauthals und verkünden Vätern, Töchtern und Söhnen, wonach sich die Mütter der ganzen Welt an ihrem „Ehrentag" am allermeisten sehnen.

Und das sind unter anderem:

Ein schönes, neues Dampfbügeleisen, damit Papis Hemden nach dem Bügeln keine Knitterfalten mehr haben.

Ein elektrischer Eierkocher, damit der Sohn nicht mehr schimpfen muss, wenn die Mutter das Frühstücksei nicht exakt kernweich hinkriegt!

Ein neues beschichtetes Pfandel, damit die Tochter nicht mehr die Nase rümpfen muss, wenn das Steak fettig glänzt!

Und ein neuer Staubsauger mit Riesensaugkraft, damit Papi, Sohn und Tochter statt auf der Sitzgarnitur auch auf dem flauschigen Teppich herumhocken können, ohne dass ein Fädchen oder Stäubchen auf ihre Kleidung kommt!

Denn jede Mutter, das wissen die Haushaltsgerätehersteller und ihre Werbefirmen genau, hat nichts anderes im Sinne als das ungetrübte, pausbäckige Wohl ihrer Lieben und wünscht sich nur Dinge, die ihr die Hausarbeit erleichtern, damit sie mehr und mehr von dieser bewältigen kann.

Wäre ich der Werbemensch so einer Haushaltsgerätefirma, tönte seit Tagen folgende Botschaft aus dem Werbeblock des Rundfunks: „Liebe Väter, Töchter und Söhne! Wir raten Ihnen dringend, Ihrer Mutter und Ehefrau zum Muttertag kein einziges unserer guten und preiswerten Geräte zu schenken, denn jede normale Mutter hat andere und dringendere Wünsche als unsere 1a-Qualitätsprodukte!“

Sicher! Knapp vor dem Muttertag würde sich der Umsatz dieser Firma nicht enorm steigern.

Dafür aber hinterher.

In Scharen würden die Mütter in die Geschäfte laufen und Bügeleisen, Eierkocher, Staubsauger, Handmixer und Pfandeln der Firma kaufen, die ihnen so einen schönen Muttertag beschert hat.

2. Liebe Papas und Mamas

Rundherum Verführer

Der Xandi und der Michi sitzen in der Schule hinter einem Pult und mögen einander sehr gut leiden. Und die Lehrer haben allerhand zu klagen über die beiden. Von Störung des Unterrichts ist da die Rede, von frechem Verhalten, von Unkonzentriertheit und dergleichen allseits bekanntem negativem Verhalten.

Die Mama vom Xandi ist über die Beschwerden der Lehrer nicht bloß beunruhigt, sie weiß auch sehr genau, woran es liegt, dass sich ihr braver Xandi in letzter Zeit so ungut verändert hat. Am Pultnachbarn Michi liegt es! „Das ist der schlechte Einfluss, den der Kerl auf ihn ausübt“, sagt sie. „Dauernd verführt er den Xandi zum Schlimmsein!“

Die Mama vom Michi weiß auch ganz genau, warum ihr braver Bub plötzlich den Unwillen der gesamten Lehrermannschaft erregt. „Das ist der Einfluss von diesem Xandi“, sagt sie. „Der verführt meinen Michi zu all diesen Dummheiten!“

Und nun haben die beiden Mamas – jede für sich – beschlossen, in die Schule zu gehen und um Versetzung ihrer „Unschuldslämmer“ zu ersuchen, auf dass die nicht mehr verführt und schlecht beeinflusst werden können.

Die Annahme, dass sowohl der Xandi als auch der Michi auf den neuen Sitzplätzen wieder neben Verführern landen werden, ist einigermaßen berechtigt. Es gibt halt eine gewisse Sorte von Mamas, die mit totaler Blindheit geschlagen ist, wenn es um ihren geliebten Nachwuchs geht. Da mag es noch so viele Indizien, ja sogar Beweise dafür geben, dass das eigene Kinderl kein „reiner Engel“ ist, diese Mamas können das einfach nicht sehen und zur Kenntnis nehmen. Da können Jahrzehnte vergehen, ohne dass diese Mamas sehender werden! Zur ersten Zigarette wird den Xandi und den Michi auch garantiert irgendein böser Bube verführen. Und zum ersten Kuss irgendein „frühreifes, abgefeimtes“ Mädchen. Denn so Unschuldslämmer wie der Xandi und der Michi, die würden doch von selbst gar nicht dahinterkommen, dass man rauchen und küssen kann. Bis ins allerhöchste Alter lässt sich so eine blinde Mütterlichkeit durchhalten. Erklärte mir doch glatt eine betagte Mama über ihren 65-jährigen Sohn, welcher die Angewohnheit hat, für sein Sonntags-Kleinformat bloß 5 Cents in die Kasse am Ständer zu werfen, bekümmert: „Von selber wär' mein Ruderl nie auf die Idee gekommen! Aber seit er in der Renten ist und im Kaffeehaus immer so einen komischen Kerl trifft ...“

Ob die hochbetagte Mama wohl demnächst im Kaffeehaus vorspricht und den Kaffeesieder bittet, den Ruderl zu „versetzen“?

Arme Anna!

Heutige Kinder haben, wenn sie in halbwegs wohlsituierten Familien aufwachsen, ein recht erstaunliches Leben. Was sie wissen und was sie nicht wissen, was sie können und was sie nicht können, verwundert den Menschen, der vor gut einem halben Jahrhundert Kind gewesen ist, enorm.

Da wohnt zum Beispiel in Wien, im 1. Bezirk, die achtjährige Anna. Diese Anna besucht eine Privatschule im 9. Bezirk. Im 19. Bezirk hat sie jeden Montag Klavierstunde. Jeden Dienstag hat sie Gymnastik-Kurs im 13. Bezirk. Am Mittwoch findet im 8. Bezirk ihr Tanzkurs statt. Schwimmkurs hat sie jeden Donnerstag im 17. Bezirk, jeden Freitag ist sie im 3. Bezirk bei ihrer Freundin zum Spielen. Am Samstag ist sie bei der einen Oma im 6. Bezirk und am Sonntag bei der anderen Oma im 14. Bezirk. Sagt man zu dieser Anna aber, wenn sie zufällig einmal daheim ist: „Geh, sei so lieb und hol zwei Semmeln vom Bäcker!“, dann schaut die Anna zwar willig, doch recht hilflos drein und fragt: „Wie finde ich dorthin?“

Der Bäcker ist zwar nur „dreimal um die Ecke herum“, aber die Anna kennt sich dort, wo sie wohnt, halt überhaupt nicht aus. Sie kennt sich auch dort, wo die Omas und die Freundin wohnen, überhaupt nicht aus. Und über die Gegend, wo sie lernt, tanzt, schwimmt, Klavier übt und turnt, weiß sie erst recht nicht Bescheid.

Die Anna wird ja immer „mit dem Auto gebracht“ und „mit dem Auto abgeholt“. Für die Anna ist ihre Heimatstadt unentdecktes Land, ist ein „weißer Fleck auf der Landkarte“, durchsetzt mit winzigen bekannten Inselchen. Der Anna wird nicht gestattet, sich ihre Heimat Stückchen für Stückchen und von Jahr zu Jahr immer mehr zu erobern, so wie wir als Kinder das konnten. Die Anna wird ins Auto verfrachtet und dort ausgeladen, wo sie gerade hingehört, und wieder eingeladen, wenn ihr „Termin“ vorbei ist.

Heutigen Kindern macht man es eben leicht!

Schwer werden sie sich bloß tun, ein bisschen Heimatgefühl zu entwickeln, denn Heimat hat man nur dort, wo man sich auskennt. Die Heimat muss man sich erobern. Auf eigenen kleinen Füßen! Vom Fond eines Mittelklasse-PKW aus wird das nur schwer möglich sein!

Aber höchstwahrscheinlich gibt es für die kleine Anna demnächst noch einen „Termin“, den sie irgendwo unterzubringen hat. Den Kursus für „Erlernung eines Heimatgefühls“. Vielleicht findet der dann im 21. Bezirk statt?

Die treu sorgende Mama wird die arme Anna ganz gewiss auch dorthin chauffieren. Und ganz stolz darauf sein, was sie alles für ihr Kind tut.

Ganz erstaunliche Kinder

Angeblich gibt es Kinder, die sich im Fond eines Mittelklassewagens pudelwohl fühlen und auch nach einer 1000-km-Non-Stop-Fahrt keinerlei Unmutsäußerungen von sich geben.

Angeblich gibt es auch Kinder, die nichts lieber tun, als stundenlang hinter ihren lieben Eltern blauweißen oder rotgrünen Markierungen nachzugehen, und die, wenn sie am Ziel der Wanderung angekommen sind, enttäuscht fragen: „Sind wir schon da?"

Angeblich gibt es auch Kinder, die begeistert durch ausländische Kirchen und Museen schreiten und ergriffen Seitenaltäre anstarren und beglückt vor barocken Gemälden verweilen.

Angeblich gibt es sogar Kinder, die genussvoll fremdländische Speisen verkosten und beim Kauen von Polypen Entzückensschreie ausstoßen. Diese Kinder reagieren auf extravagante ausländische Kost auch nie mit einer Verstimmung ihres Verdauungstraktes.

Ich habe zwar so ein Kind noch nie kennengelernt, aber ich habe schon sehr viele Eltern kennengelernt, die mir eidesstattlich versicherten, dass ihre Kinder diese angenehmen Eigenschaften vom Babyalter an besäßen. Glückliche Eltern!

Meine Kinder gaben, wenn ich mit ihnen auf Urlaub fuhr, schon bei Purkersdorf-Gablitz die ersten Unmutsäußerungen von sich, fragten ab Autobahnkilometer 100 alle zehn Minuten: „Sind wir endlich da?", gerieten ab Salzburg in Streit und ließen am Brenner den Streit in lebensbedrohliche Tätlichkeiten ausarten.

Meine Kinder hatten nach einer Stunde Wandern Blasen an den Fersen und waren am hurtigen Voranschreiten überhaupt nicht interessiert. Dauernd wollten sie Blümlein pflücken und Käferlein anschauen. Und dass nicht alle 200 Schritte lang eine Flasche Cola ausgegeben wurde, vergrämte sie schwer.

Meine Kinder streikten vor Kirchentoren und Museumstüren, die Akropolis bezeichneten sie als „alten Steinhaufen“, vor Botticellis „Frühling“ stritten sie um ein Micky-Maus-Heft, und am Prado interessierte sie bloß der Eisverkäufer neben dem Eingang.

Meiner Kinder Augen weiteten sich vor Entsetzen, wenn der Ober die Paella auftrug. Hartnäckig forderten sie an den diversen Urlaubsstränden dieser Welt Frankfurter und Wiener Schnitzel und rächten sich für den Entzug dieser Speisen mit urlaubsfüllendem Bauchweh.

Meine Kinder waren bloß über eine Strecke von 500 km transportfähig; und dies auch nur mit drei „Pipi-Pausen“ und einer Jausenpause. Sie wollten im Urlaub stets dort sein, wo sie schon voriges Jahr gewesen waren. Dort, wo sie jeden Stein und jeden Baum kannten und mit einheimischen Menschen und Tieren Freundschaft geschlossen hatten.

Was habe ich bloß für sonderbare Kinder gehabt!

Oder war bloß ich so sonderbar, dass ich meine eigenen Urlaubsbedürfnisse nach Ferne und Unbekanntem gegen meine Kinder nie so richtig durchsetzen konnte?

Lächerlich ernst

Die heutige Kindergeneration – das hat eine groß angelegte Umfrage ergeben – könne weit mehr „Werbeslogans" als Kinderreime auswendig hersagen. Das ist erstens kein Wunder, weil ihnen ja weit öfter die diversen „Werbeblocks" etwas „vorsagen" als Mamas, Papas, Omas und Opas. Und zweitens haben wir als Kinder ja auch alle Werbesprüche auswendig gewusst, nur hat es halt nicht so viele gegeben. Aber wir sind seinerzeit mit Werbesprüchen ziemlich anders umgegangen, als das Kinder heute tun. Bei uns waren vor allem Parodien auf Werbung aller Art gefragt.

Damals erfreuten sich Kindergemüter an einem hübschen Reimlein wie:

Wenn nicht Butter,
na, dann Rama!
Wenn nicht Rama,
na, dann Butter,
die Natur ist unsre Mutter!

Oder:

Siehst du die Kreuze dort im Tal?
Das sind die Raucher von Reval.
Siehst du die Kreuze dort am Meeresstrand?
Das sind die Raucher von Peter Stuyvesant.

Und weil uns diese „Zigarettenwerbung" doch ein wenig zu „deutsch" war, so dichteten wir so holprig wie hurtig:

Warum gibt's so viele Begräbnisse im Mai?

Das sind alles die Raucher von Austria drei.

Und jedes Kind – abgesehen von den ganz wohlerzogenen – liebte das artige Sprüchlein vom Harry Piel; auch wenn dieser damals gar nimmer im Kino zu sehen und absolut kein Idol war:

Harry Piel sitzt am Nil,
wäscht die Füße mit Persil.

(Was Mia May, die „dabei" saß, mit ihm tat, war so fürchterlich jugendverboten, dass ich es auch hier nicht niederzuschreiben wage.)

Jedenfalls nahmen wir die Werbung nur als Vorlage für Jux und Spaß und machten uns über sie gern lustig.

Doch die Kinder von heute finden nichts Lächerliches oder Komisches an der Werbung. Sie nehmen sie bitterernst. Für sie sind das alles schöne Geschichterln und Gedichterln, voll der guten Verheißung eines Konsum-Paradieses. Und über das Paradies darf man sich nicht lustig machen, wenn man rein will, um aller Genüsse, die dort warten, teilhaftig zu werden!

Wir – seinerzeit – haben es da leichter gehabt. Die Werbung hat eh nix angedient, was für Kinder von Interesse gewesen wäre. Und hätte sie es, wäre uns ja von vornherein klar gewesen, dass die Mama kein Geld hat, um das Zeug zu kaufen.

Man muss einfach mithalten?

Wenn die Meiers, Vater, Mutter und Sohn, gemeinsam aus dem Haus gehen, sind sie üblicherweise in Jeans und T-Shirts gekleidet, ihre insgesamt sechs Füße stecken in weißen Schuhen (Oberteile aus Stoff, Sohlen aus Gummi). Für Menschen bar des modischen Interesses wirken sie dann „ganz gleich angezogen". Dies ist aber zu kurzsichtig gesehen, denn des Sohnes Kleidung unterscheidet sich von der seiner Eltern gewaltig, und zwar im Preis. Und nur wer völlig naiv durch die Welt geht, denkt nun: Eh klar, Kindersachen sind kleiner, daher billiger!

Heute verhält sich das oft konträr. Diesem Trend folgend, tragen auch die Eltern Meier „namenlose Billigware", während auf des Sohnes Kleidung – gut sichtbar – Markennamen prunken. Und das kostet was, unter Umständen dreimal so viel wie die elterliche Kleidung!

Der Sohn, sagen Vater und Mutter Meier, würde glatt in Depression verfallen, kaufte man ihm nicht die Textilien, die im Freundeskreis „in" sind. Unten durch wäre er in der Klasse, trüge er nicht am Leib, was „alle anderen" am Leib tragen! Könnte sogar sein, dass er dann verspottet würde. Jedenfalls würde sein Selbstwertgefühl leiden.

Ist freilich traurig, sagen Vater und Mutter Meier, dass Kinder heute Selbstwertgefühl aus teurer gruppenkonformer Kleidung beziehen, aber daran ist ihnen nicht die Schuld zu geben, sie fallen eben, unerfahren, wie sie sind, auf Werbung rein. Nicht umsonst betreiben Klamotten-Erzeuger „Jugendforschung“, lassen Psychologen rauskriegen, worauf Kids abfahren, wie man sie werbend dazu bringt, Marken „megageil“ zu finden. Da muss, sagen Vater und Mutter Meier, leider „mithalten“, wer sein Kind liebt.

Würden sich alle Väter und Mütter einer Schulklasse einmal zusammensetzen und ehrlich miteinander über den Irrsinn der Markennamen-Klamotten reden, käme wohl raus, dass fast alle nur „mithalten“, weil ihr Kind kein Außenseiter sein soll. Würden dann alle „Mithalter“ beschließen, nicht mehr „mitzuhalten“ und nur noch preiswerte Sachen zu kaufen, auch wenn darauf keine Markennamen prangen, wäre vielleicht der ganze Zirkus um überbezahltes Zeug bald zu Ende und Außenseiter wären die paar Kids, die dann noch als Werbefläche für „In-Firmen“ rumrennen.

Aber bis es so weit wär’, sagen Vater und Mutter Meier, würde nervtötender Zwist mit den Kindern drohen. Also, bittschön, irgendwann in den nächsten Jahren wird der eh ausbrechen, denn mit dem Alter wachsen die In-Wünsche. Irgendwann ist Schluss mit dem „Mithalten“ durchschnittlich verdienender Eltern.

Etepetete-Sorgen

Will man Kindern eine „erstklassige Erziehung“, samt angeblich dazugehöriger „sittlicher Ausdrucksweise“, angedeihen lassen, hat man es heute schwer, falls man mit ihnen nicht auf eine unbewohnte Insel ohne Radio und Fernsehen emigriert. Doch Anna, meine liebe Freundin, wollte das bis vor Kurzem absolut nicht einsehen.

„Nein“, sagte sie jedes Mal, wenn ich Obiges behauptete, „man muss Kindern nur mit gutem Beispiel vorangehen, daran orientieren sie sich mehr als an allen schlechten Einflüssen, die von außen an sie herangetragen werden. In einer Familie, wo die Eltern nie ordinäre Wörter benutzen, lehnen auch die Kinder die Gossensprache ab!“

Soweit ich es – bei Anna zu Besuch – kontrollieren konnte, stimmte das. Nicht einmal, als sich der Sohn mit dem Hammer auf den Daumen schlug, entfuhr ihm das gängige Sch... Bloß „Aua!“ rief er.

Und einmal, als der Tochter zum Fluchen zumute war, rief sie „Himmel und Zwirn!“; wobei ich nicht sagen kann, ob ihr das wesentliche Mittelstück des Fluches unbekannt war oder ob sie es aus Sittlichkeit verschluckte. Und als die Tochter hinfiel, informierte mich der Sohn: „Sie ist auf ihr Gesäß geplumpst!“

Doch nun ist urplötzlich und wie aus heiterem Himmel bezüglich Gossensprache ein riesiges Problem für Anna aufgetaucht. Von „außen“ natürlich, in diesem Fall von gegenüber.

Anna wohnt nämlich einem Kino gegenüber. Und in diesem Kino spielt man seit drei Tagen den Film „Das kleine Arschloch". Und nun stehen Sohn und Tochter immer am Fenster und starren zum Kino hinüber, über dessen Eingang in großen roten Buchstaben der Filmtitel prunkt. Und sie starren besonders kulleräugig, wenn scharenweise Menschen ins Kino drängeln.

Anna versucht zwar, Sohn und Tochter vom Fenster wegzukriegen, aber Sohn wie Tochter zieht es immer wieder dorthin, als wären sie Eisenfeilspäne, denen gar nichts anderes übrig bleibt, als zum Magneten zu wandern.

„Das gehört verboten", sagte Anna heute zu mir, als ich bei ihr war. „Die Kinder sind total geschockt, weil da öffentlich steht, was man nicht sagen darf!"

Na, geschockt kamen sie mir eigentlich nicht vor, sahen eher aus, als ob sie den Eingang zum Paradies anstarrten. Als Anna zwecks Kaffeezubereitung in der Küche war, deutete der Sohn zum Fenster hinaus und sagte zu mir: „In drei Jahren darf ich auch." Dann deutete er auf seine Schwester. „Aber sie darf erst in fünf!"

„Was denn?", fragte ich. „Es sagen!", antwortete der Sohn. Zuerst verstand ich nicht, aber dann sah ich die rote Buchstabenzeile unter dem Filmtitel: „Erlaubt ab 14 Jahren."

Burli hat's kapiert

Ort der Handlung: Straßenbahnhaltestelle in Wien. Personen der Handlung: Mama, Papa und Burli.

Burli (*klagend*): Der Michi hat mich heute wieder boxt.

Mama (*zum Burli*): Sag's der Frau Lehrer, Burli!

Papa (*zum Burli*): Vertratschen tut man nicht, Burli!

Mama (*zum Papa*): Soll er sich dauernd hau'n lassen?

Papa (*zur Mama*): Z'rückhau'n soll er!

Mama (*zum Burli*): Das tust mir net, hau'n ist pfui! (*zum Papa*): Willst eine Schlägertypen großziehn?

Papa (*zur Mama*): Er muss si' endlich wehren lernen! (*zum Burli*): Der Michi ist gegen dich eine halberte Portion, den stampfst mit links in die Erd'!

Mama (*zum Papa, giftig*): Feine Erziehung, dem Kind beibringen, dass es auf Schwächere losgehen soll.

Papa (*zur Mama*): Red net saublöd daher, er soll auf niemand losgehen, er soll sich nur verteidigen!

Mama (*zum Burli*): Ich werd' zur Frau Lehrer gehen und sie bitten, dass sie dich vom Michi wegsetzt.

Burli: Er boxt mich doch immer auf dem Klo draußen!

Papa (*hämisch zur Mama*): Bittest halt die Frau Lehrer, dass sie mit dem Burli aufs Klo geht, damit ihm nix passiert!

Mama (*zum Papa*): Red net so saublöd daher!

Papa (*zum Burli*): Reiß dem Wappler d' Ohrwascheln ab!

Mama (*zum Burli*): Boxt der Michi die anderen Kinder auch?

Burli: Immer nur mi!

Papa (*zur Mama*): Eh klar, wer sich nie wehrt, ist das ideale Opfer!

Mama (*zum Burli*): Wie wär's, wennst den Michi zu uns heim einladst, wenn's euch besser kennen lernt's ...

Papa (*unterbricht die Mama*): ... aber nur, wenn ich daheim bin! Damit ich dem Burli zeig, wie man mit so einem Bankert umgeht!

Die Straßenbahn fährt in die Haltestelle ein. Mama und Papa schieben den Burli zum Einstieg hin.

Papa (*zum Burli*): Wehren muss man sich im Leben lernen, damit man net den Kürzeren zieht, kapiert?

Mama (*zum Burli*): Vertragen muss man sich im Leben lernen, damit's friedlich zugeht, kapiert?

Burli nickt. Klar hat er kapiert. Und zwar dieses: Nie, nie mehr wird er sich bei der Mama und beim Papa über den Michi beklagen, ganz egal, wie oft ihn der auch noch in den Bauch boxen wird.

Lass mich in Ruh!

Eigener Liebeskummer ist schwer zu ertragen, Liebeskummer der eigenen Kinder ist unerträglich, so man nicht von der Gemütsart eines Fleischerhundes ist. Was Müttern, hin und wieder natürlich auch Vätern, die Sache des „Mitleidens" so kompliziert macht, kann viele Gründe haben.

Grob eingeteilt, gibt es da zuerst einmal zwei Sorten von erwachsenen Kindern: Sorte eins leidet an Liebeskummer, ohne darüber Bericht zu erstatten. Rote Augen, bebende Lippen, angeschwollene Nase und heftiges Geschluchze hinter geschlossener Tür sind die einzigen Botschaften ihres Liebesleids.

Doch die feinfühlige elterliche Meinung, dass jemand, der über seinen Kummer nicht von selbst Auskunft erteilt und auf einmalige Anfrage „Lass mich in Ruh!" schluchzt, nicht weiter gefragt werden will, kann – muss aber nicht – richtig sein. Es hat schon Fälle gegeben, wo sich Eltern taktvoll und mit äußerster Anstrengung der bohrenden Fragen enthielten und Monate später vorgehalten bekamen, dass sie mitleidlose Menschen gewesen seien und gar nicht wahrgenommen hätten, wie „fix und fertig" und am Rande der Verzweiflung ihr Nachwuchs gewesen sei.

Aber auch bei den gesprächigen Kindern hat man seine Not! Diese referieren zwar ausführlich, hin und wieder sogar ellenlange Streitdialoge, samt „dann hat er gesagt und dann habe ich gesagt und dann hat er gesagt, aber das heißt noch längst nicht, dass sie an mütterlicher oder väterlicher Meinung Interesse haben, auch wenn diese Meinung nicht in so unsensiblen Statements wie „Ich hab dich ja gleich gewarnt" oder „Andere Mütter haben auch schöne Kinder" ausgedrückt wird. Es kann sogar sein, dass das gute Kind während seiner Berichterstattung den ehemaligen Liebsten zehnmal „Schuft" nennt, jedoch empört reagiert, wenn Mama oder Papa dieses Wort für besagten Jüngling ebenfalls benutzt.

Und geradezu grotesk wird die Sache, wenn der Liebeskummer nur ein vorübergehender war und aus dem „Schuft" wieder ein „Schatzl" geworden ist! Dann, bitte, bloß nicht „Warum?" fragen. Bloß nicht andeuten, dass im Charakter des „Schatzls" noch immer das „Schuftige" lauern könnte! Und ja nicht vermuten, dass die Versöhnung nicht von Dauer sein könnte! Das bringt nur böse Stimmung ins traute Heim. Leukoplast kaufen und Mund zukleben ist da die einzige Möglichkeit.

Wohlgeraten

Wenn Mütter erwachsener Kinder zusammensitzen, bei einem „betagten" Maturatreffen etwa, gibt's meistens eine unter den Damen, die enorm rege und ausführlich über ihre Kinder referiert, und eine, die absolut nicht daran interessiert ist, ihre Kinder zum Gesprächsthema werden zu lassen. Erstere Mutter ist garantiert eine, die sehr „wohlgeratenen" Nachwuchs hat, zweitere Mutter garantiert eine, die ihren Nachwuchs als weit weniger „wohlgeraten" empfindet.

Aber woran ist denn diese begehrte „Wohlgeratenheit" eigentlich exakt zu erkennen? Nun, üblicherweise erkennt man sie daran, dass sich so ein „Wohlgeratener" (egal welchen Geschlechtes) bereits in der Schulzeit strebsam verhielt und der Mama keinen Kummer bereitete, hierauf einen ehrenwerten Beruf ergriff und in diesem schönen Erfolg hat, die Karriereleiter also zügig erklimmt und sich durchsetzt. Sein Privatleben meistert ein „Wohlgeratener" natürlich auch tadellos, es gelingt ihm, guter Ehepartner, gutes Kind, guter Elternteil zu sein. Süchten frönt dieser Mensch höchstens in den engen, von der Allgemeinheit tolerierten Grenzen. Er hat also gelernt, sich gut anzupassen und nach den Regeln unserer Gesellschaft bestens zu funktionieren, er hat sich im Leben eine Position erobert, auf die er und seine Mutter stolz sein dürfen.

Sonst noch was? Na ja, vielleicht sollten die, die man von Kindheit an aufs „Wohlgeratene" hin getrimmt hat, auch zu glücklichen Menschen geworden sein, weil eine „wohlgeratene" Erziehung ja vor allem dieses zum Ziel und im Auge haben sollte.

Nun ist es aber leider überhaupt nicht so, dass die „Wohlgeratenen" auch immer zu den Glücklichen im Lande zählen. Ganz im Gegenteil, oft sind sie sogar kreuzunglücklich und leiden am Leben. Möglicherweise deshalb, weil sie zwar „wohl-", aber keineswegs so geraten sind, wie es ihren Neigungen und Veranlagungen am ehesten und besten entsprochen hätte.

Nehmt dieses zur Kenntnis, ihr in geselliger Runde euren nicht perfekt „wohlgeratenen" Nachwuchs verschweigenden Mütter! Erzählt ruhig von euren Kindern, ohne Hemmungen und Komplexe und immer frisch von der Leber weg! Auch wenn da einiges erwähnt werden muss, was nicht mit hundertprozentigem, mütterlichem Stolz auszuposaunen ist.

Es könnte trotzdem leicht sein, dass einiges von dem, was ihr von eurem Nachwuchs zu erzählen habt, nach ein bisschen mehr Lebensglück schmeckt als alle Lageberichte von stolzen Müttern über ihre gar „wohlgeratenen" Aufzuchtprodukte.

Total gleich geliebt

Stur und steif erklären alle Mütter, so sie mehr als ein Kind haben, alle Kinder „ganz gleich“ zu lieben. Sie behaupten es nicht nur, sie haben es sich so perfekt eingeredet, dass sie es selbst glauben und sie keiner davon abbringen kann. Wäre auch ärgster Verstoß gegen die Mutter-Ehre, ein Kind mehr zu lieben als das andere oder die anderen!

Trotzdem gibt es Töchter (bei Söhnen passiert's eher selten), die klagen, bei Verteilung der Mutterliebe bekomme ein Geschwister die größere Portion. Natürlich bestreitet das die Mutter entschieden. Aber oft sammelt die Tochter Indizien für ihre Beschuldigung, steht dann – je nach Temperament schluchzend oder vor Wut bebend – vor der Mutter und zählt auf, was die in letzter Zeit ihr gegenüber an Lieblosigkeit verbrach, während auf Bruder oder Schwester der Schnürlregen mütterlicher Zuwendung rieselte.

Dann fällt den meisten Müttern lediglich zu sagen ein, dass sich ihr Verhalten aus dem Verhalten der Kinder ergebe und sich diese Tochter so verhielt, dass vorübergehender Liebesentzug die Folge war. Ganz nach dem Motto vom Wald, aus dem es zurückschallt, wie man in ihn hineinruft.

Das ist freilich oft nur selbst geglaubte Ausrede. Mütter können sehr wohl eins der Kinder aus diversen Gründen mehr lieben als die anderen. Die zwei häufigsten:

1. *Weil ihnen dieses Kind charakterlich ungemein ähnelt.*
2. *Weil ihnen dieses Kind charakterlich überhaupt nicht ähnelt.*

Letzteres trifft auf Mütter mit einer ungeheuren Portion Selbstwertgefühl zu. Sie machen die Tochter zu ihrem „Darling", weil sie ganz beglückt sind, dass da etwas Eigenständiges heranwächst.

Mütter mit einer riesigen Portion Minderwertigkeitskomplexen hingegen halten es schwer aus, dass da etwas heranwächst, an dem sie eigene vermeintliche Fehler und Mängel wieder erkennen. Sie finden sich selbst nicht okay, also finden sie auch diese Tochter nicht okay.

Der Rat, da müsse eben die Mutter an sich „arbeiten", entweder selbstbewusster werden oder weniger selbstherrlich, ist unsinnig, weil schwer in die Tat umzusetzen. Aber es gibt einen Ausweg: Da muss der Papa einspringen und diese Tochter zum Ausgleich mehr lieben als die anderen Kinder; was manch Papa besonders leichtfällt, wenn diese Tochter seiner Frau ähnlich ist. Den meisten Papas fällt es allerdings besonders leicht, diese Tochter zu lieben, wenn sie das genaue Gegenteil ihrer Frauen ist.

Liebe Papas und Mamas!

Ein neues Schuljahr hat angefangen, und nur eine Eltern-Minderheit kann sich für die kommenden Monate nichts als schulische Frohbotschaften erwarten. Den meisten Eltern stehen auch allerhand negative Erfahrungen bevor. Dass es Eltern nicht gleichgültig ist, welchen Schulerfolg ihr Nachwuchs hat, ist mir klar. Dass jedoch Schulsorgen zum größten Familienproblem werden können, ist mir unverständlich.

Ich finde es abwegig, wenn mir eine Mutter sagt: „In den Ferien sind wir die glücklichste Familie. Kein Streit, keine Tränen, keine Aufregung. Doch kaum fängt die Schule an, geht das Unglück los." Wieso kann ein Fünfer in Mathe, eine Vorladung wegen „frechem Benehmen" oder ein Fleck auf eine Prüfung eine glückliche Familie ins Unglück stürzen? Da haben wohl Eltern den Maßstab dafür verloren, was im Leben wichtig und unwichtig, was ein Unglück oder bloß ein Ärgernis ist!

Man könnte ja nun sagen, dass ich als Mutter von erwachsenen Kindern leicht reden habe. Aber gerade, weil ich die Schulsorgen hinter mir habe, habe ich den Eltern von Schülern eine Erfahrung voraus. Ich weiß, wie man zehn, fünfzehn Jahre später über diese Sorgen denkt! Da sitzt man dann mit dem wohlgeratenen Nachwuchs zusammen und sagt lachend: „Erinnerst dich noch an die gefälschte Unterschrift? Und wie ich dem Direktor erklärt hab, dass die so komisch ausschaut, weil ich mir die Hand verstaucht habe?" Und in welcher Klasse, fragt man sich zehn, fünfzehn Jahre später, wollte das Kind die Schule verlassen? In der fünften? Oder in der sechsten?

Zehn, fünfzehn Jahre nachher hat man auch die Frau Muck wieder getroffen. Die, die man an Sprechtagen so beneidet hat, weil ihre Susi Klassenbeste war. Zehn, fünfzehn Jahre später erfährt man von der Muck, dass die Susi zweimal geschieden ist, drei Kinder hat und zu den Alimenten dazuverdient, indem sie in einem Supermarkt aushilft. Als einsichtiger Mensch ist man dann froh, dass sich die eigene Tochter doch nicht, wie seinerzeit immer angeraten, ein „Vorbild“ an der Susi genommen hat.

Nehmen Sie, liebe Mamas und Papas, Schulsorgen also nicht allzu ernst. Und kommt demnächst Ihr „Unglücksrabe“ wieder einmal mit einer „Hiobsbotschaft“ an, so schließen Sie die Augen und aktivieren Sie Ihre Fantasie: Stellen Sie sich vor, wie Sie diese Sache in zehn, fünfzehn Jahren – erinnernd – sehen werden. Ehrenwort, das hilft!

Sei nicht faul!

Reden Eltern, deren Kinder in der Schule schlechte Noten haben, von den Schulproblemen ihrer Kinder, kann man mit großer Sicherheit annehmen, dass über kürzer oder länger der Satz fällt: „Er (Sie) ist hochintelligent, aber faul, hat sein (ihr) Klassenvorstand gesagt!"

Ich kenne eine ganze Menge von Klassenvorständen, und sie alle schwören mir, mit zitiertem Satze sehr, sehr sparsam umzugehen und ihn nur ganz selten und in raren Ausnahmefällen am Elternsprechtag zu benutzen. Dass ein Schüler faul oder sogar stinkfaul sei, geben sie zu, gehöre wohl zu dem, was ein Lehrer Eltern oft kundtun müsse, aber leider könne nur sehr selten in diesem Zusammenhang auch von „hochintelligent" die Rede sein.

Viel öfter, sagen mir die Klassenvorstände, müsse davon die Rede sein, dass ein Schüler Schwierigkeiten habe, sich zu konzentrieren, oder dass er sichtlich falsche Lernstrategien anwende. Da zwar etliche, aber doch nicht alle Eltern bewusst lügen, wenn sie über ihre Kinder reden, ist anzunehmen, dass sie hübsch interpretiert haben, was sie am Elternsprechtag von den Lehrern erläutert bekamen. Und das kann eigentlich nur einen Grund haben: Sie hören, was sie hören wollen! Und das heißt wiederum: Eltern haben weit lieber „faule" Kinder als „schwach begabte" Kinder.

Warum eigentlich? Jeder von uns weiß doch, dass die meisten der intelligenten Faulen im Leben kläglich scheitern, aber dass es die meisten der gar nicht speziell begabten Fleißigen zu Ansehen und Wohlstand bringen.

Um fremder Kinder Eltern zu trösten, hätte man diese Erkenntnis auch schnell parat, nur beim eigenen Nachwuchs ist man betriebsblind. Das eigene Kind hat – auf Teufel komm raus – hochintelligent zu sein! Ist ja auch sonnenklar! Schließlich hat es ja die Erbmasse von Papa und Mama, und Papa und Mama waren ja seinerzeit in der Schule ebenfalls hochintelligent (aber faul!). Ganz nebenbei: Seinen Nachwuchs als intelligent, aber faul abzustempeln, ist auch die einfachste Methode, sich mit seinen Problemen nicht befassen zu müssen. Sich damit auseinanderzusetzen, warum ein Kind gelernt und trotzdem nicht die geforderte Leistung erbracht hat, ist schwieriger und müsste auch zu gewissen Einsichten führen.

Man käme, unter Umständen, zur Erkenntnis, dass ein Kind den X-Quadraten und Y-Dritteln wenig Aufmerksamkeit schenken kann, wenn im Nebenzimmer Papa und Mama streiten. Oder dass ein Kind, nur weil sein Papa großes Interesse für Technik hat, diese Neigung nicht gerade ererbt haben müsse.

Man käme – vor allem – zur Erkenntnis, dass das Kind ziemlich anders ist, als man gemeint hat. Doch wer will schon solche Erkenntnisse? Zu sagen „Sei nicht faul, lern!“ ist viel bequemer.

Rückmeldung erwünscht?

Schulnoten, so vernahm ich es im Radio aus einem Interview mit einem Pädagogen, seien für die Schüler unbedingt notwendig, weil Schüler eine „Rückmeldung“ brauchen, an der sie ihre Leistung kontrollieren können. Dieses Statement zauberte mir ein sonniges Lächeln auf die Lippen, weil ich an meine eigene Schulzeit dachte und mich dabei der sonderlichsten „Rückmeldungen“ erinnerte, die ich im Laufe von zwölf Schuljahren erhalten habe. Etwa dieser: Bei der Latein-Schularbeit hinter der Gerti zu sitzen, bringt statt einem Vierer einen Dreier ein, weil die Gerti mit Latein-Deppen ein Einsehen hat und dazu noch im Weiterreichen von Schwindelzetteln eine wahre Meisterin ist.

Oder: Im Interesse der bevorstehenden Zeugnisnote werde ich der morgigen Mathe-Schularbeit durch Krankmeldung entgehen, denn mein momentaner Wissensstand, „rückgemeldet“ durch ein „Nicht genügend“, könnte meinen Notendurchschnitt von 2,1 auf 2,8 senken und mir im Zeugnis einen Dreier statt eines Zweiers eintragen.

Ich erinnere mich auch noch recht gut daran, wie ich einmal drei Wochen lang, jeden Nachmittag, für eine Prüfung das Biologie-Buch auf Seite 1 aufschlug, die Seiten 1 und 2 lustlos und murmelnd durchlas und dann das Buch frustriert zuklappte. Um das menschliche Rückgrat ging es auf den beiden Seiten. Und drei Wochen lang kam ich über dieses Rückgrat nicht hinaus! Bei der Prüfung dann, die üblicherweise aus drei Fragen bestand, wurde mir als erste die nach dem menschlichen Rückgrat gestellt, und ich ratschte – wie in Trance – los. Die Frau Professor nickte beglückt und meinte, in meinem Falle könne sie wohl auf die restlichen zwei Fragen verzichten. Man sehe ja, wie vorzüglich vorbereitet ich sei.

Drei untypische Beispiele für den Noten-Alltag in der Schule? Ich beeide es, meine Schullaufbahn setzte sich aus lauter solchen untypischen Beispielen zusammen. Ohne „fördernde" Gerti, auch das beeide ich, hätte ich die Matura nie geschafft, denn mein Wissensstand in Latein war zu Zeiten dieser gleich null. Bei der Matura-Arbeit freilich konnte mir die Gerti nicht mehr helfen. Da war „schwindeln" unmöglich. Aber da musste mir die Frau Professor helfen. Wäre ich nicht durchgekommen, wäre das peinlich für sie gewesen. Das hätte ja bedeutet, dass sie mir sechs Jahre lang falsche „Rückmeldungen" gegeben hätte!

Aber man soll nicht ungerecht sein. Durch die Noten konnte ich sehr wohl meine Leistung kontrollieren. Meine Leistung an Schläue, an Unehrlichkeit und Unverfrorenheit. Und sich über diesbezügliches Leistungsvermögen klar zu werden, ist ja wohl ganz nützlich.

Zu wem muss ich gehen?

Der Termin, zu dem die Halbjahreszeugnisse ausgeteilt werden, nähert sich, und bevor dieses – mehr oder weniger freudige – Ereignis stattfindet, pflegt noch ein Elternsprechtag abgehalten zu werden.

Ich habe ja diese Elternsprechtage längst überstanden. Aber ich weiß noch gut, wie unangenehm sie mir waren. Vor Sprechtagen wäre ich noch weit lieber krank geworden als meine Töchter vor Mathe- und Lateinschularbeiten. Warum? Weil ich nicht wusste, wie ich mich dort – Auge in Auge mit den Lehrpersonen – zu verhalten habe!

Locker und aufrichtig? Etwa auch locker meine Ansicht äußernd, dass an Herrn Professors Unterrichtsmethode etwas falsch sein müsse, wenn zwei Drittel der Schüler in seinem Fach Nachhilfe nehmen? Etwa auch aufrichtig zugebend, dass es in Wirklichkeit für mich von sehr zweitrangiger Bedeutung sei, ob mein Kind drei Zeilen „Tacitus" heftig stammelnd oder fließend aus dem Lateinischen übersetzen könne?

Von solch Elternsprechtagsbetragen rieten mir wohlmeinende Leute ab. Da schade man nur, hieß es, den armen Kindern. Am Sprechtag möge man lieber die Lehrer friedlich und freundlich stimmen, was am ehesten durch Lob erreicht werde. Eine darin versierte Mama machte mir das sogar vor, indem sie kulleräugig säuselte: „Ach, Frau Professor! Die gesamte Elternschaft ist ja so dankbar, dass wir gerade Sie als Klassenvorstand haben. Sie können den Kindern noch etwas fürs Leben vermitteln!"

Tja, keine dumme Methode. Aber so viel Talent zur Verstellung hat nicht jeder. Und Lust dazu auch nicht.

Darum hielt ich es schließlich mit folgender Methode: Ich fragte meine guten Kinder, zu welchen von all ihren Lehrern ich denn „unbedingt gehen" solle, um nicht unnötig Zeit von Lehrern zu beanspruchen, die mir ohnehin nichts Wesentliches mitzuteilen hätten. Und meine guten Kinder nannten mir dann immer die paar Lehrer, mit denen sie keinerlei Probleme hatten, und ließen die unerwähnt, bei denen ich allerlei „Negatives" zu hören bekommen hätte. Und ich tat, als würde ich das nicht durchschauen, und sprach nur bei lieben Lehrern vor, die mir viel Erfreuliches über meinen Nachwuchs sagten. So ließ sich ein Sprechtag ganz nett überstehen. Und die Lehrer, auf die meine Kinder „vergessen" hatten, die meldeten sich im Ernstfall eh mit „blauen Briefen".

Da war dann ja noch immer Zeit, ihnen – Aug in Aug – gegenüberzutreten.

Meine Biester – deine Biester

„Alles, was recht ist", sagt Freundin Anna kopfschüttelnd zu mir, „aber wie die Berta ihre Kinder verwöhnt, das ist ja nicht mehr normal, das ist ja wahre Affenliebe! Dem einen macht sie ein Naturschnitzel, dem anderen ein Wiener Schnitzel und dem dritten ein Pariser Schnitzel! Als ob die drei nicht das Gleiche essen könnten. Kein Wunder, dass diese Kinder richtige Biester sind!"

„Also weißt du", sagt Freundin Berta kopfschüttelnd zu mir, „wie die Anna ihre Kinder verwöhnt, das ist ja direkt grotesk! Die eine kriegt Reitstunden, die andere spielt Tennis und die dritte muss partout im Sommer Schi laufen. Der helle Irrsinn. Kein Wunder, dass diese Kinder richtige Biester sind!"

Kommt der lieben Berta Annas Meinung zu Ohren, schaut sie empört und erklärt, dass die gute Anna verblendet sei und bösartig daherrede, denn Fleisch in dreierlei Versionen auf den Tisch zu bringen sei im Falle ihrer Sprösslinge kein Akt der Verwöhnung, sondern einfachste Notwendigkeit, um die „schlechten Esser" überhaupt am Leben zu erhalten.

Kommt der guten Anna Bertas Meinung zu Ohren, schaut sie empört und erklärt, dass die liebe Berta komplett „meschugge" sei, denn sportlich begabte Kinder zu fördern sei einfach Elternpflicht und beileibe kein Akt der Verwöhnung.

Anna sieht auch schon klar in die Zukunft von Bertas Kindern und weiß daher, dass sich die „Biester" in ein paar Jahren zu regelrechten Ungetümen auswachsen werden, weil Berta leider so „schrecklich inkonsequent" mit ihren Kindern verfährt und ihnen am Montag verbietet, was sie ihnen am Dienstag erlaubt.

Berta wiederum tun Annas Kinder schrecklich leid. „Die armen Hascherl", sagt Berta, „können sich ja im Leben überhaupt nicht auskennen. Anna hat keine klare Linie bei der Erziehung. Einmal so und einmal so, das ist für Kinder nicht gut. Kinder brauchen klare Richtlinien!" Außerdem weiß Berta noch, dass Anna ihre Kinder schlicht überfordert, weil Anna immer erklärt, ihre Kinder seien hoch begabt, aber faul. In Wirklichkeit seien Annas Kinder bloß mittelmäßig begabt und litten enorm unter der Fehleinschätzung der Mutter. Anna hingegen ist klar, dass Berta ihre Kinder quält, weil die Kinder ins Gymnasium gehen müssen. „Was tut sie ihnen denn da an? Die armen Würmer sind doch dort fehl am Platz! Warum lässt sie die Kinder nicht ein Handwerk erlernen?"

Auch in etlichen anderen Erziehungsfragen erkennt Anna scharfsichtig, was Berta falsch macht. Und Berta ist sich über Annas sämtliche Todsünden in Erziehungsfragen völlig klar.

Etwas überspitzt formuliert: Würde Anna Bertas Kinder betreuen und Berta Annas Kinder, wäre die Sache eigentlich geritzt. Aber wer tauscht schon die eigenen „süßen Lieblinge" gegen die Biester der anderen?

Junges Kaufverhalten

Zeitungsmeldungen ist zu entnehmen, dass Kinder und Jugendliche – laut Umfrage – einen enorm hohen Einfluss auf das Kaufverhalten der Eltern haben. Das heißt: Papa und Mama erwerben fast ausschließlich Dinge, die vor den Augen ihrer Kinder Gnade finden. (Nur wenn es um so langweilige Produkte wie Waschmaschinen, Bügelautomaten und Rasierapparate geht, entscheiden die Eltern allein.)

Meine Freundin Annemarie will das nicht glauben. „Unfug“, sagt sie und schüttelt den Kopf. „So weit kommt's noch, dass ich mir von den Kindern diktieren lasse, was mir zu gefallen hat!“ Während sie dies sagt, knetet sie Mürbteig. Auf einem Marmorbrett knetet sie den Teig.

Da Freundin Annemarie eine Frau ist, der man nicht widersprechen soll, weil sie sonst bös wird, versuche ich das Thema zu wechseln, deute auf das Marmorbrett und sage: „Ein tolles Nudelbrett hast du. Ist das neu?“

„Haben wir gestern gekauft“, antwortet Freundin Annemarie stolz. „Wir“, erfahre ich, waren Annemarie und ihre Tochter. Und gleich hinterher erzählt mir Freundin Annemarie, dass sie zum Kleiderkaufen immer ihren Sohn mitnimmt, weil der einen auserlesenen Geschmack in Kleiderfragen hat. Und morgen, sagt mir Freundin Annemarie zum Abschied, wird sie mit Sohn und Tochter etliche Elektrogeschäfte aufsuchen. Ein neuer Fernsehapparat muss nämlich her, und die jungen Leute, meint

Freundin Annemarie einsichtig, verstehen halt von „technischen Daten“ viel mehr als unsereiner. Ich aber kann mich eines milden Lächelns nicht enthalten und sage zu ihr: „Na siehst? Deine Kinder haben also doch einen gewaltigen Einfluss auf dein Kaufverhalten.“

„Nie im Leben!“, ruft Freundin Annemarie empört. „Wir haben bloß den gleichen Geschmack.“ Und fügt dann noch hinzu: „Weil ich eben trotz meines fortgeschrittenen Alters ein sehr moderner Mensch geblieben bin.“

Womit wir „am Punkt“ sind! Wir leben in einer Zeit, in der Jungsein „in“ ist. Wer nicht zum sprichwörtlichen alten Eisen gehören will – und wer mag das schon? –, hat Jugendlichkeit zu demonstrieren. Er muss sich also bemühen, das Verhalten von Jugendlichen zu imitieren. Wie ein Jugendlicher zu denken oder zu fühlen, gelingt einem durch und durch erwachsenen Menschen kaum. Seine Freizeit wie ein Jugendlicher zu gestalten, ist ihm ebenfalls zuwider. In Discos herumzusitzen oder vor einem Videospiel zu hocken, steht einem Erwachsenen nicht gut zu Gesicht. Und sich einer „ersten Liebe“ hinzugeben, ist ihm völlig unmöglich.

Was bleibt also? Man kann das Kaufverhalten der nachfolgenden Generation imitieren. Und das tut der erwachsene Mensch – laut Statistik – reichlich.

Es ist ja nicht schlimm, wenn sich Freundin Annemarie ein Nudelbrett zulegt, das der Tochter gefällt. Schlimm wird es erst, wenn die Werbung das alles verarbeiten wird. Werden dann im TV knackige Frischwärts-Typen die allerneueste Rheumasalbe anpreisen?

Eine Zeile die Mama, eine Zeile das Bubi

Hausübungen zu erledigen, ist für die meisten Schulanfänger eine lästige Sache. Und die Ansichten über das Maß an Richtigkeit, Vollständigkeit und Gefälligkeit dieser Arbeitsleistung sind in Taferlklasslerkreisen auch sehr verschieden.

Für berufstätige Mütter wird dieses Problem nicht zu einem enorm gravierenden. Natürlich schimpfen sie, wenn sie schlampige Hausübungshefte sehen, natürlich reden sie dem Kind gut zu, die Sache ernster und aufmerksamer zu tun, aber verantwortlich für die Taferlklasslerhefte fühlen sie sich nicht. Anders geht es in der Regel der Hausfrau. Sie neigt dazu, des Kindes Hausübungen in ihren Verantwortungsbereich einzubeziehen, und will sie genauso sauber und adrett erledigt wissen wie alle andere anfallende Arbeit.

Manche Hausfrauen haben ja nur reizende Kinder, die nach dem Mittagessen und einer kleinen Ruhepause brav Händchen waschen und dann ihr Hefterl aufschlagen und im Nu etwas hineinschreiben, was die Frau Lehrerin mit vielen Sternderln belohnen wird.

Etliche Mütter haben auch Knirpse, die beim Aufgabeschreiben in Tränen ausbrechen, weil ein i-Punkt nicht exakt über dem i steht.

Das ist zwar etwas lästig, aber getröstet und aufgerichtet kann so ein Mini-Ehrgeizling doch ziemlich leicht werden.

Die Mehrzahl der Hausfrauen jedoch hat Schulanfänger, die vergessen haben, was „auf ist“, oder nach zwei geschriebenen Zeilen den Stift wegschleudern oder nach jeder zweistelligen Zahl Wasser trinken wollen oder plötzlich vorgeben, nicht zu wissen, wie viel eins und eins sein könnte. Das treibt viele Hausfrauen nun vorschnell in Panik.

Nicht nur, dass sie sich beratend und drängend zum Kind setzen, dass sie diktieren, bei anderen Müttern nach der Aufgabe anfragen, sie verfertigen auch eigenhändig die „Zierleisten" und üben sich in Kinderschriftfälschungen, nach dem Motto: Eine Zeile die Mama, eine Zeile das Bubi! Der unerwünschte Erfolg stellt sich bald ein.

Spätestens um Weihnachten herum kommt der Taferlklassler gelassen von der Schule heim und spricht: „Mama, heute hast du zehn Sätze auf!"

Kinder, auch die, die keine Aufgaben schreiben mögen, haben es halt so an sich, in aller Unschuld die Wahrheit zu sagen.

Der Schrei nach der Mama

Mütter sind natürlich wirklich nicht dazu da, den Kindern alle Schwierigkeiten, die das Leben mit sich bringt, aus dem Weg zu räumen, aber bei den Schwierigkeiten, das Leben zu meistern, sollten sie ihren Kindern schon tatkräftig beistehen.

Sind die Kinder erwachsen geworden, lehnen sie mütterlichen Rat und Beistand in „großen Angelegenheiten" zwar meistens ab, doch geht es um die kleinen Tücken des Alltags, schreien sie noch immer gern wie in Kinderzeiten: „Mama!"

Der Mama-Schrei ertönt, wenn man ein Kleidungsstück nicht finden kann, wenn die Tortencreme geronnen ist, wenn eine Masche von der Stricknadel gefallen ist, wenn knapp vor dem Weggehen ein Knopf abgerissen ist, wenn der Hammer statt auf den Nagel auf den Daumen geschlagen hat und wenn die Wäsche in der Waschmaschine rosa geworden ist.

Der Mama-Schrei kann auch durchs Telefon kommen, wenn die letzte Straßenbahn weg und kein Taxigeld vorhanden ist, wenn Schlüssel samt Handtasche verloren sind oder wenn im Urlaub das Geld ausgegangen ist.

Meistens können die Mamas ja auch helfen. Sie finden gesuchte Kleider schneller, können Cremes besser reparieren und Maschen hochholen und Knöpfe annähen und „Heile, heile Segen" murmeln und Entfärber benutzen.

Sie können auch Chauffeur spielen und das Haustor aufsperren und – fluchend, aber doch – Geld an sonnige Strände schicken. Doch hin und wieder muss die Mama das erwachsene Kind auch enttäuschen! So einen Akt der Enttäuschung setzte ich eben jetzt, als meine Tochter „Mama" brüllte und mir schreckensbleich mitteilte, dass auf dem Klo eine sechs Zentimeter lange Spinne sitze!

Abgesehen davon, dass die Spinne höchstens – samt Beinen – vier Zentimeter lang war, ist meine Spinnenangst um nichts geringer als die meiner Tochter. Es ist daher nicht einzusehen, warum gerade ich die eine der zwei erwachsenen Frauen sein soll, die das Ungeheuer wegschafft! Da ich aber eine gütige Seele im Leib habe, die auch mit erwachsenen Töchtern Mitgefühl hat, brüllte ich „Mama!", und meine Mutter kam und entfernte das Untier.

Ob die alte Frau der Ansicht ist, sie müsse ihre mütterliche SOS-Haltung bis zum Lebensende durchhalten, oder ob sie ganz einfach keine Spinnenangst hat, weiß ich nicht.

Die vermeidbaren Leiden der Töchter

Mütter sind, bis auf rare Ausnahmen, stets der Meinung, hübsche Kinder geboren zu haben. Bei dieser Meinung bleiben sie auch – egal wie sich die Kinder leiblich entwickeln – und halten sie, rein optisch, für durchaus edle Geschöpfe. Das bringt mit sich, dass Mütter dann oft sehr rat- und hilflos reagieren, wenn der Nachwuchs mit seinem Aussehen total unzufrieden ist.

Steht die Tochter vor dem Spiegel und heult sich eins wegen der fetten Hüften und der Grübchen in den Hamsterbacken, flötet die Mama beruhigend: „Aber Kind, das ist bloß Babyspeck, der verwächst sich!“

Kriegt die Tochter Wutanfälle ob ihrer zweifach gehöckerten Nase, meint die Mutter kopfschüttelnd: „Aber Kind, was hast denn gegen dein Naserl! Dein Naserl ist doch nicht zu groß! Ganz das Naserl vom Opa hast du! Sei stolz darauf!“

Und wenn die Tochter wegen ihrer üppig blühenden Akne gar nimmer aus dem Haus gehen mag und ihre Freizeit depressiv hinter herabgelassenen Rollos verbringt, klopft ihr die Mama aufmunternd auf die Hängeschultern und sagt heiter: „Aber Kind, da schlägt die Pubertät aus! Das sind nur die Hormone!“ Oft werden diese Trostsätze noch mit Hinweisen wie „Sei froh, dass du so ausschaust“ oder „Auf die Schönheit kommt es im Leben nicht an“ abgerundet. Und dann kommen sich die Mütter ungeliebt und bös behandelt vor, weil „das

Kind“ den Zuspruch nicht annimmt, sondern – je nach Temperament – noch vergrämter oder wütender wird.

Dabei wäre die Sache doch einfach! Die Mütter müssten sich nur an ihre eigene Jugend zurückerinnern. Und an ihre eigenen Mütter! Jede Mutter war schließlich einmal eine Tochter, die es nicht gern hörte, „Babyspeck“ zu haben oder das „Naserl vom Opa“. Ein klein wenig von der Verzweiflung, dieserart getröstet zu werden, müsste doch jeder Mutter noch in Erinnerung sein.

Von allen Fehlern, die wir bei der Behandlung unserer geliebten Kinder begehen, sollten eigentlich die am leichtesten zu vermeiden sein, die an uns selbst begangen wurden.

Und wir wissen doch: Gegen Hüftspeck hilft Diät, gegen Akne hilft der Hautarzt, und zu große Nasen brauchen ein Spezial-Make-up und eine günstige Frisur.

Und sollte es manchen Müttern zu mühsam sein, dieserart Hilfeleistungen zu geben, dann mögen sie doch wenigstens den Mund halten; das Wissen, von der Mama für „schön“ gehalten zu werden, hat noch keiner Tochter geholfen.

Unvernünftiges Gleichheitsprinzip

In vielen Familien herrscht ein geradezu rabiater Gerechtigkeitssinn, der darin seinen Ausdruck findet, dass jedes Kind „das Gleiche" zu bekommen hat.

Bekommt also der Hansi von der Mama Geld, um sich die heißbegehrte Schallplatte zu kaufen, bekommen auch die Evi und der Xandi den gleichen Geldbetrag, obwohl sie im Moment keine Schallplatte wollen und überhaupt nicht „heiß" begehren.

Mütter, die von diesem „Gleichheitsprinzip" durchdrungen sind, habe ich – zum Beispiel – schon sagen hören: „Mein Sohn tät' einen neuen Anorak brauchen, aber dann müsste ich auch den beiden Töchtern einen kaufen, und so viel Geld habe ich im Moment nicht!"

Auf den ersten Blick erscheint diese familiäre Verteilungsart ja gerecht und vernünftig, denn keines der Kinder kann sich benachteiligt vorkommen.

Letztlich führt sie aber doch auch dazu, dass die Kinder gar nicht mehr darauf achten, was sie selbst gern hätten und brauchen würden, sondern nur darauf, was die Geschwister kriegen und ob auch alles „gerecht und gleich" verteilt wird.

Und da Eltern nie hundertprozentig „gleich und gerecht" verteilen können, finden die Kinder dann irgendwo und irgendwann immer einen Grund zur Klage.

So habe ich schon gehört, dass sich ein halbwüchsiger Knabe bitter darüber beklagte, dass ihm seine Eltern die 40 Euro, die sie für seinen Bruder für den Nachhilfelehrer zahlen, vorenthalten. Und eine meiner Freundinnen spielt – trotz angegriffener Gesundheit – ernsthaft mit dem Gedanken, statt ihres Halbtagsjobs einen Ganztagsjob anzunehmen, weil sie vor fünf Jahren, als die Finanzen der Familie noch besser waren, ihrer großen Tochter zum 18. Geburtstag ein Auto geschenkt hat.

Nun wird die kleine Tochter aber auch bald 18 Jahre alt und findet, dass ihr nach dem „gerechten Gleichheitsprinzip" ebenfalls ein Geburtstagsauto zustehe!

Und meine Freundin sieht das ein und meint: „Sonst fühlt sie sich ja weniger geliebt!"

Es muss etwas sehr schiefgelaufen sein in der Entwicklung eines Menschen, wenn Liebe und Konsumgutzuteilung so eng aneinandergekoppelt sind. Das totale „Gleichheitsprinzip" scheint seinen guten Teil dazu beizutragen.

Mein Kind, dein Kind, unser Kind?

Der schöne Ausspruch: „Meine Kinder und deine Kinder verhauen gerade unsere Kinder", kann in der schlichten Normalfamilie leider selten verwendet werden. Er ist eher heiteren amerikanischen Familienfilmen vorbehalten, in denen ein Witwer mit drei Kindern und eine Witwe mit drei Kindern die erstaunliche Courage aufbringen, gemeinsam noch drei Kinderchen zu produzieren.

Aber „meine Kinder" und „deine Kinder" hat jede Durchschnittsfamilie; bloß, dass es sich dabei um ein und dieselben Kinder handelt.

Die Mutter sagt zum Vater: „Meine Tochter hat ein Sehr gut auf die Mathe-Schularbeit bekommen!"

Eine Woche später sagt sie: „Deine Tochter wird einen Fünfer in Englisch kriegen!"

Viele Mütter und viele Väter wissen ganz exakt, was an einem Kind „ihr Kind" ist und was an demselben Kind dem Partner zusteht.

Die eher unangenehmen Charaktereigenschaften und Angewohnheiten, welche die Mutter an ihrem Kind beobachten muss, hält sie für väterliches Erbteil oder für das Resultat der väterlichen Einmischung in ihre Erziehungsarbeit.

Also ist es nur allzu gerecht, wenn sie sagt: „Dein Sohn hat schon wieder einmal sein ganzes Taschengeld verputzt!"

Und wenn der Vater an der Tochter Eigenschaften feststellen muss, die ihm an seiner Ehefrau schon seit mehr als einem

Jahrzehnt unangenehm sind, ist es doch naheliegend, dass er dann sagt: „Deine Tochter telefoniert schon wieder seit einer geschlagenen Stunde!"

Solang diese Mein-Kind-dein-Kind-Teilung in harmonisch funktionierenden Partnerschaften betrieben wird, mag sie ein augenzwinkernd-neckisches Spielchen sein.

Dort aber, wo Ehen gescheitert sind, wird dieses Spiel auch gespielt, und dort wird es grausam, weil dort die Sache eine neue und bösartige Dimension bekommt.

Es ist nämlich ein gewaltiger Unterschied, ob man an seinem Kind Erbgut eines innig geliebten Menschen zu entdecken meint oder Eigenschaften eines inzwischen verhassten Menschen.

Und da der geschiedene Partner zwecks Anklage nicht mehr zur Verfügung steht, bekommt das Kind zu hören: „Ganz wie dein Vater!"

Was für Kinder, die zu geschiedenen Vätern ohnehin ein schwieriges Verhältnis haben, keine erfreuliche Sache sein kann.

„Alle in der Klasse haben es ...“

Wenn ich als Kind, um einem Wunsch mehr Nachdruck zu verleihen, meiner Mutter sagte: „Alle in der Klasse haben es!“, lächelte meine Mutter und sprach mild: „Geh, geh, übertreib net!“

Schwächte ich meine Behauptung ab und zählte auf, wer tatsächlich schon im Besitz der ersehnten Sache war, sagte meine Mutter: „Schau net immer nach denen, die alles haben! Schau auch auf die, die gar nix haben!“

Gern hörte ich das nicht, aber irgendwie sah ich es ein. Es war ja auch ein ehrlich-schlichter Standpunkt, der da hieß: Ich biete den Kindern, was meinen Verhältnissen entspricht und noch ein bisschen darüber hinaus. Mehr ist nicht vor mir zu erwarten!

Heutigen Müttern fehlt häufig diese gelassene Einstellung. Meldet der Nachwuchs, dass der Pultnachbar 48 Filzstifte besitzt, rennt die Mama los und kauft seufzend auch so eine unhandliche Blechschachtel. Schickt Mama von heute ihr Kind zu einer Geburtstagsparty, kauft sie kein Mitbringsel, das ihrem Einkommen entspricht, sondern eines, das dem Einkommen der Familie des Geburtstagskindes angemessen erscheint.

Es gibt sogar Eltern, die einen Kredit für eine Schiausrüstung aufnehmen, obwohl ihr Kind nicht gern Schi läuft, die Sachen bloß sieben Schikurstage lang trägt und ein Jahr später dem Zeug entwachsen ist.

„Er soll nicht zurückstehen müssen“, damit werden solche Ankäufe erklärt.

Das ist aber ein Standpunkt, der auf lange Sicht nicht durchzuhalten ist. Statussymbole kleinerer Kinder kann der Durchschnittsverdiener ja gerade noch anschaffen, wenn er selber auf etliches verzichtet. Die Statussymbole der wohlhabenden Jugendlichen jedoch kann er seinem Nachwuchs nicht bieten. Für eine Honda, einen Armani-Mantel, einen New-York-Flug und eine Garçonniere reicht ein Kleinkredit nicht. Daher ist es sinnlos, vor Kindern die Einkommensverhältnisse zu verschleiern, solange es nur geht. Die ökonomische Familienlage ist einem Kind von Anfang an zuzumuten. Mit sechs Jahren lernt man leichter, dass man zu denen gehört, die nur zwölf Filzstifte haben, als mit sechzehn, dass man nicht zu denen gehört, die zum Geburtstag ein Moped bekommen.

Ich plädiere damit nicht für Einübung in Bescheidenheit und Anpassung. Ob sich die Kinder „dreinfinden" oder sich gegen die ungerechte Verteilung der irdischen Güter empören, ist ihre Sache. Aber sie haben ein Recht auf klare Sicht der Verhältnisse.

Die Bescheidenheit der Mütter

In vielen Familien gibt es ein Problem, das früher kaum auftrat. Kinder weigern sich – oft von einem Tag auf den andern –, die „höhere Schule" weiter zu besuchen.

Das tun nicht nur Schüler mit schlechten Noten, bei denen dieses Verhalten leicht zu begreifen wäre. Auch Jugendliche mit gutem Schulerfolg erklären immer öfter: „Keinen Tag länger bringt ihr mich in den Tempel!"

Dann fragt man in der Schule nach, „ob es etwas gegeben habe", aber da sind keine disziplinären Schwierigkeiten, da ist kein Lehrer, mit dem das Kind auf speziellem Kriegsfuß stünde, auch bei den Mitschülern ist es nicht so unbeliebt, dass man da einen Grund für die Schulablehnung sehen könnte.

Was aber noch schlimmer ist: Der junge Mensch kann nicht sagen, was er denn lieber möchte als Schule! Er hat kein Berufsziel, für das eine andere Art von Ausbildung nötig wäre. Grundtenor des Jugendlichen in dieser Situation: Ich weiß nicht, was ich will, ich weiß nur, was ich nicht will!

Das Argument, dann sei es besser, in der Schule zu bleiben, bis er wisse, was er wolle, zieht nicht. Kein Argument zieht.

Je mehr der verwirrte, streikende Schüler mit Argumenten bombardiert wird, umso panischer und verzweifelter reagiert er.

Rezepte zur Behandlung von Schulverweigerern gibt es nicht. Aber Ruhe bewahren und Gelassenheit zeigen, könnte ein Ratschlag sein. Und nicht so tun, als sei die elterliche Enttäuschung nun perfekt, als gehe das Leben nicht weiter, als habe man einen Versager und Tunichtgut großgezogen.

Ein ratloser junger Mensch braucht Hilfe, und wenn wir ihm die nicht geben können, weil wir nicht verstehen, wo sein wirkliches Problem liegt, dann können wir wenigstens versuchen, ihn nicht in bockende, trotzende Isolation zu treiben.

Wir müssen schauen, dass ihm „Hintertürln" offen bleiben, dass der Schritt von der Schule weg, so er als falsch eingesehen wird, wieder revidiert werden kann.

Manchmal, ich weiß es aus Erfahrung, genügt schon ein zweiwöchiger gemogelter Krankenstand, um eine Siebzehnjährige hinterher wieder grämig, aber doch, zum Schulgang zu bewegen.

Sagen Sie nicht, das sei bloß ein „Aufschub" und ändere die Lage nicht. Viermal aufgeschoben ist schon halb maturiert! Man wird sehr bescheiden als Mutter in diesen Zeiten!

Ablösungsprozess von der Mutter

Eine alte Volksweisheit, die hauptsächlich in Mütterkreisen tradiert wird, heißt: „Für eine Mutter werden die Kinder nie erwachsen!" Dem innigen Schmelz und dem gerührten Timbre nach, die in Frauenstimmen schwingen, wenn sie diese Weisheit verkünden, scheint der mütterliche Irrtum, welcher der Sachlage zugrunde liegt, ein sehr positiver zu sein.

Aber auch wenn man dazu neigt, so eine hartnäckige Mutter-Kind-Beziehung negativer zu sehen, muss man zugeben, dass der Mütter, für die die Kinder nie erwachsen werden, viele sind.

Ich kenne einen alten Herrn, der kann bei Regenwetter nicht ohne Schal aus dem Haus gehen.

„Hansi, achte auf deinen Hals!", ruft sein uraltes Mütterlein und jappelt schalwedelnd hinter ihm her. Und der Hansi nimmt hilflos ergrimmt den Schal, wickelt ihn um den Hals und ist stolz, dass er dem uralten Mütterlein vor zehn Jahren abgewöhnt hat, ölgetränkte Wattepfropfen in seine anfälligen Ohren zu stopfen.

Auch über das Quantum Nahrung, das erwachsene Kinder zu sich nehmen sollen, meinen viele Mütter entscheiden zu müssen.

Kaum hat sich die übergewichtige Tochter drei Kilo Speck weggehungert, fordert das Mütterlein entschieden: „Jetzt ist Schluss! Direkt hager schaust du schon aus!" Und dann kocht das Mütterlein ein Einmachsupperl, weil die Tochter schon vor vierzig Jahren dicke Supperln gern gemocht hat, und bietet es mit der Ein-Löfferl-für-den-Papa-Methode an.

Meine Mutter beobachtete mich gestern Abend bei schreibender Tätigkeit. Vom Nebenzimmer traf mich ihr rügender Blick alle paar Minuten. Sagen Sie nicht, ich könnte das gar nicht gemerkt haben! Ich bin eine gut erzogene Tochter, ich fühle meiner Mutter Blicke, auch wenn sie meine Kehrseite anpeilen.

Als es Mitternacht war, kam meine Mutter zu mir ins Zimmer, legte eine Mutterhand auf meine Schulter und sprach: „Jetzt machst aber Schluss, Mauserl! Es ist Zeit zum Heidi-Gehen!“

Da schüttelte ich die Mutterhand ab, schrieb emsig weiter, legte dann, als ich nicht mehr arbeiten konnte, eine Schallplatte auf und wankte schließlich gegen vier Uhr früh ins Bett.

Jedes kleine Mäderl muss halt einmal anfangen, den Ablösungsprozess von der Mutter in die Wege zu leiten.

Wahnwitz um Burlis Schulaufgaben

Folgende Geschichte entspringt nicht meiner verqueren Fantasie, sondern hat sich tatsächlich zugetragen:

Burli kommt von der Schule heim. Die Mama nimmt ihm die Schultasche ab, schält ihn aus den Überkleidern und fragt: „Burli, was hast du auf?"

Burli hebt ein Bein, damit die Mama den Schuh abziehen kann, und sagt: „Nix!"

Aber die Mama kennt ihren Burli! Unkonzentriert und verspielt ist er! Immer vergisst er, was auf ist!

Die Mama zieht dem Burli Patschen an, nimmt die Schultasche, holt die Hefte heraus, blättert. Aber den Heften ist auch kein Hinweis auf die Aufgabe zu entnehmen. So geht die Mama ans Telefon und ruft bei der Mutter vom Michi an und erkundigt sich nach der Aufgabe.

Die begonnene Zeichnung sei fertigzumachen, erfährt sie.

Die Mama entleert die Schultasche komplett und findet trotzdem keine Zeichnung. „Burli, die hast du wieder einmal in der Schule vergessen", stöhnt sie.

Sie stopft den Burli in Schuhe und Janker, stülpt ihm die Mütze über und eilt mit ihm zur Schule, zum Schulwart.

Dem erklärt sie die Sache, und er lässt sie in die Klasse. Im Pult vom Burli sind eine Brotrinde und ein Taschentuch, aber keine Zeichnung.

„Der Nachbar wird's eingesteckt haben", mutmaßt der Schulwart.

Die Mama verlässt die Schule und löchert den Burli nach der Adresse vom Sitznachbarn. Der Burli weiß, dass der Otti im Gemeindebau wohnt. Die Mama eilt dorthin. Dreizehn Namenstafeln an diversen Stiegen studiert sie, dann wird sie fündig. Mit dem Lift geht's hoch, an einer Tür wird geklingelt, aber der Otti lehnt es ab, Burlis Zeichnung zu haben. Die Mama stammelt Entschuldigungen und kehrt – samt Burli – geschlagen nach Hause zurück. Beim Haustor treffen sie den Xandi, und der sagt der Mama, dass der Burli seine Zeichnung schon in der Schule fertiggemacht und abgegeben hat.

Da fällt der Mama ein Stein vom Herzen! Was ja nicht weiter verwunderlich ist. Verwunderlich ist nur, welche Sorte von Steinen Mütter am Herzen tragen können.

Es wäre schon übertrieben, würde der Burli um eine verschollene Zeichnung einen Spektakel inszenieren.

Dass aber die Mama Burlis Agenden zu den ihren macht und hinter einem DIN-A4-großen Ölkreidenmann herjappelt, als ginge es ans Leben, ist heller Wahnwitz; der allerdings mit schöner Regelmäßigkeit vielerorten im Lande von treusorgenden Mamas veranstaltet wird.

Schmalzsemmeln mit Schoko-Streusel

Kinder haben, wenn es um Nahrung geht, oft recht sonderbare Neigungen. Diese Neigungen sind einerseits einer aktuellen Mode unterworfen. Sonst könnte es nicht sein, dass plötzlich fast alle Kinder nach Spaghetti (ohne Sugo, nur mit Ketchup) gieren und ein Jahr später fast alle Kinder Pommes frites (ohne Fleisch, nur mit Mayonnaise) lieben.

Doch unabhängig von momentanen Modeströmungen halten sich auch eisern uralte Kindervorlieben: roher Teig zum Beispiel!

Bei dieser Vorliebe wage ich aber nicht zu entscheiden, ob die Kinder tatsächlich den Geschmack des mehligen, klebrigen Zeugs mögen oder ob sie bloß Spaß daran haben, der Mutter während des Kochens lästig zu fallen.

Das ist nämlich ein schönes, uraltes Spiel: Die Mutter halbiert fünfzehn Stück Zucker, entkernt dreißig Marillen und knetet Teig, der gerade reicht, dreißig Marillen zu umhüllen, und röstet Brösel in exakter Menge. Und dann kommt das Kind und zupft vom Teig und isst Zuckerstücke und stopft die gerösteten Brösel in den Mund und futtert entkernte Marillen.

Und die Mutter jammert, dass das Kind das lassen möge, weil der Papa und die Geschwister sonst nicht ausreichend ernährt werden können.

„Jetzt ist aber Schluss!“, ruft die Mama bei jeder Marille, bei jedem Stück Teig, das im Kindermund verschwindet. Weil sie aber nur jammert und das Kind nicht wirklich am Zugreifen hindert, kommt das Kind zu der Meinung, dass es der Mutter von allen Familienangehörigen der liebste ist. Sonst würde die Mutter Papas Knödel ja besser verteidigen!

Abgesehen von den großen Trends im Kindergusto gibt es natürlich noch die individuellen Geschmacksabartigkeiten: Schmalzsemmel mit Schoko-Streusel bestreut. Oder Buttereinbrenn, unaufgegossen, aber gezuckert. Sogar von Rollmöpsen auf Leibniz-Keksen habe ich schon gehört. Wenn uns der sonderbare Kindergeschmack zu Hause auch manchmal mit Abscheu erfüllt, in Restaurants, besonders in vornehmen, teuren, lernen wir ihn schätzen: Gelangweilt liest sich das Kind durch alle sündteuren Köstlichkeiten der Speisekarte und bestellt dann „Nudeln ohne alles" und sammelt von den Nachbartischen die Ketchupflaschen ein.

Die Gefahr, dass uns unsere Kinder arm essen, besteht also nicht.

Wer will schon ehrgeizig sein?

Wenn er nur mehr Ehrgeiz hätte", klagte mir unlängst eine Mama, des letzten Zeugnisses ihres Sohnes gedenkend. Den gescholtenen Knaben kennend, musste ich widersprechen. Der hat nämlich eine Menge Ehrgeiz. Stundenlang sah ich das gute Kind mit schweinsrosa Bubble-Gum trainieren, auf dass seine Bubble-Gum-Blase die größte der Klasse werde.

Tagelang plagte sich der arme Kerl mit Zunge und Fingerchen ab, bis er endlich den Qualitätspfiff ausstoßen konnte, der sämtliche Freunde vor Neid erblassen ließ. Und wochenlang durchstrampelte er schnaufend und in Rückenlage das Hallenbad, um einen gewissen Toni, Feindbild seiner Volksschulzeit, um Längen zu schlagen.

Wer also will diesem Knaben Ehrgeiz absprechen? Man kann höchstens sagen, sein Ehrgeiz richtet sich nicht auf Ziele, die seiner Mama wichtig sind. Oder: Sein Ehrgeiz klammert gewisse Gebiete aus.

Aber wer, außer einem Neurotiker, belegt schon sämtliche Möglichkeiten für Ehrgeiz mit diesem?

Einer will's mit zähem Ehrgeiz zum Abteilungsleiter bringen und wäre schön erstaunt, hielte man ihm vor, dass er, was Kochkunst und Haushaltsführung betrifft, keinerlei Ehrgeiz entwickle. Einen frisst der Ehrgeiz auf, weil er beim Abfahrtslauf nur Dritter geworden ist, dass er aber bloß ein Dutzend englischer Vokabeln parat hat, lässt ihn kalt.

Dieser „Ehrgeiz" ist ja überhaupt ein vager Begriff geworden, der – trotz geheuchelter Hochachtung vor ihm – für die meisten Menschen hauptsächlich Negatives enthält. Oder kennen Sie jemanden, der freudig von sich sagt: „Ich bin ungeheuer ehrgeizig!"

Der Mensch will begabt sein, will Glück haben im Leben. Auch Drang nach Erkenntnis wertet er positiv. Sogar Strebsamkeit. Aber Ehrgeiz? Nein, den mag keiner haben. Und dies zu Recht. Denn Ehrgeiz gehört zu den Begierden. Und Ehrgeiz ist unsolidarisch, weil Ehrgeiz der Eifer ist, andere übertreffen zu wollen. Und Ehrgeiz – wenn man die vergangenen und heutigen Zeiten betrachtet – hat die Menschen schon oft zu sittlich sehr fragwürdigen Mitteln greifen lassen.

Der einzige Bereich, in dem Ehrgeiz meist positiv gewertet wird und geweckt werden soll, ist – siehe Anfang dieser Glosse – der schulische Bericht. Das sagt über unsere Schule allerhand aus. Für mich nicht sehr Erfreuliches.

Faxen und Flausen

Klagen über „die heutige Jugend“ hat es von denen, die gestern jung waren, schon immer gegeben. Aber früher waren es doch eher die kinderlosen Erwachsenen, aus denen sich dieser verständnislose Klagechor rekrutierte.

Heute singen in diesem Chor auch viele Eltern mit, und der Refrain des Klageliedes heißt immer wieder: „Sie haben doch alles! Nix geht ihnen ab! Es geht ihnen doch ohnedies so gut wie noch nie!“

Und dann wird alles an Konsumgütern aufgezählt, was jungen Menschen heutzutage zusteht, und dann wird die Frage aufgeworfen, warum die Jugend dennoch so unzufrieden sei, und als Erklärung für diese Unzufriedenheit folgt: Weil sie keine Ideale mehr haben! Weil sie so materialistisch eingestellt sind! Ein wenig paradox erscheint mir das schon!

Wenn Eltern unter „alles haben“ sichtlich nur die Anhäufung von Konsumgütern verstehen, müssen sie wohl selbst eine sehr materialistische Weltsicht haben. Warum beklagen sie diese dann an ihren Kindern? Und wie sollten denn überhaupt diese Ideale aussehen, damit sie den Klage-Eltern gefallen? Soweit ich es überblicke, reagieren nämlich gerade diese Eltern recht panisch, wenn ihre Kinder wagen, Ideale zu entwickeln.

Da hört man dann: „Was braucht das Mädel nächtelang darüber reden, wie man die Welt verbessern kann? Soll sich lieber ausschlafen, damit's in der Schul' ordentlich aufpassen kann!“

Oder: „Sozialarbeiter will er werden. Das ist doch kein Beruf für an Mann, was verdient er da schon dabei!“

Oder: „Entwicklungshelfer möcht’ ihn interessieren! Versäumt er doch glatt seine besten Jahr’ bei die Unterentwickelten!“

Oder noch simpler: „Nix wie Faxen und Flausen hat’s im Hirn, keinen Sinn für die Realität!“

Oder noch uneinsichtiger: „Dauernd engagiert er sich und reißt den Mund auf. Nix wie anecken tut er! Damit wird er net weit kommen!“

Es scheint also viel eher so, als ob große Teile der „heutigen“ Elterngeneration als „Ideal“ für ihren Nachwuchs nur die fügsame Einordnung in das Streben nach materiellen Gütern sehen und bloß vergrämt sind, dass dem Jungvolk, von Geburt an Wohlstand gewohnt, dieser kein „Ideal“ mehr ist.

3. Ein paar Minuten für die Schönheit

Reif?

Natürlich gibt es Frauen, die sich täglich mehrmals im Vergrößerungsspiegel derart selbstkritisch betrachten, dass sie den Zustand ihrer Gesichtshaut ganz genau kennen. Aber die meisten Frauen haben Wichtigeres zu tun, als diese Kontrolle regelmäßig auszuüben. Und da kann es eines Tages passieren, dass man heiter, beschwingt, dynamisch, vital und bester Dinge eine Parfümerie betritt und eine Flasche Parfüm ersteht, und die jugendliche Verkäuferin, darauf trainiert, den Absatz zu heben, hält einem, bevor es ans Zahlen geht, einen Cremetopf hin und spricht: „Da gibt es jetzt auch ein ganz neues, wirklich wirksames Produkt für die reife Haut, gnä' Frau!"

Das kann dann „Gnä' Frau" ganz schön aus dem Gleichgewicht bringen, weil sie bis dahin ihre Haut noch immer in alter Gewohnheit als „jugendlich" eingestuft hat. Sie könnte sich natürlich damit trösten, dass Cremes für „reife Haut" viel teurer sind als Cremes für junge Haut und die Verkäuferin bestrebt ist, Teures an die Frau zu bringen.

Aber „Gnä' Frau" sieht das meistens anders. Ein echter „Profi", sagt sie sich, hat da ein objektives Urteil gefällt. Und das nagt an „Gnä' Frau". Das nagt sogar so sehr, dass sie nach dem Parfümerie-Besuch (den Cremetopf hat sie übrigens nicht gekauft) nicht mehr, wie vorgehabt, in die kleine Boutique geht, um das rosa Kleidchen zu kaufen. Vielleicht, denkt sie, trübe heimtrottend, ist rosa den „Unreifen" vorbehalten, vielleicht sind auch meine Knie zu „reif, um unter dem kurzen Rockerl rauszuschauen, und ist der Ausschnitt zu groß für eine „reife“ Oberweite!

Und während sie mit ihrer Parfum-Flasche so zweifelnd dahintrabt, fragt sie sich entsetzt: Wie lange, um Himmels willen, bin ich denn eigentlich schon äußerlich „reif“, ohne es selbst gemerkt zu haben? Möglicherweise hat ja deswegen auch der Friseur so komisch geschaut, als ich ihm das Frisuren-Foto in der Zeitschrift gezeigt und gesagt habe, dass ich die Haare gern so geschnitten hätte! Und es war wohl nur Höflichkeit, dass er gesagt hat, mein naturgelocktes Haar würde sich dieser Frisur widersetzen. Wahrscheinlich hat er sich gedacht: Unmöglich, dieser überreifen Dame diese jugendliche Frisur zu verpassen!

Vielleicht hat „Gnä' Frau“ ja Glück und trifft an der nächsten Straßenkreuzung einen alten Schulfreund, den sie seit Jahren nicht mehr gesehen hat, und der ruft verzückt: „Mein Gott, du wirst ja immer jünger, wie machst du das nur?“ Das stellt das seelische Gleichgewicht von „Gnä' Frau“ wieder her.

Na ja, Brille hatte der liebe Mensch zwar keine auf der Nase, und sehr kurzsichtig war er schon vor Jahren, aber immerhin ist er von Beruf Hautarzt, also als „Profi“ einer Verkäuferin weit überlegen!

Ein paar Minuten für die Schönheit

Leute, die in Zeitschriften über Schönheitspflege schreiben, haben allesamt den Tick, zu behaupten, man brauche bloß „ein paar Minuten", um „optimal" auszusehen, womit, nehme ich an, „so gut als möglich" gemeint ist. Besonders den nicht mehr ganz jungen Frauen, die in solchen Artikeln gern „reif" genannt werden, versprechen die Verfasserinnen, dass „ein paar Minuten pro Tag genügen, um den sichtbaren Alterungsprozess aufzuhalten".

Abgesehen von der berechtigten Frage, warum eine fünfundvierzigjährige Frau nicht wie eine fünfundvierzigjährige Frau aussehen darf, sind diese „paar Minuten pro Tag" eine unfromme Lüge!

Ich habe mir aus etlichen Artikeln zusammengesucht, was die „reife Frau" als Minimum an Körperarbeit zu leisten hat:

Um die Brüste nicht erschlaffen zu lassen, stemmt sie Hanteln dreißig Mal zur Seite, nach oben und nach vorne. Dann massiert sie das Brustgewebe mit weicher Bürste, braust die Brüste mit kaltem Wasser und schmiert sie mit Brustcreme ein.

Hierauf wendet sie sich den Oberschenkeln zu, an denen das Bindegewebe so leicht erschlafft, massiert sie mit einem Luffa-Handschuh, arbeitet Spezialcreme ein und macht heiße und kalte Wechselduschen.

Nun kommt der Hals dran! Der kriegt einen Wickel mit lauwarmem Avocadoöl! Das ist gut gegen Falten.

Um Bauchansatz zu verhindern, wird gerudert; ohne Boot, in der Luft. Fußgymnastik ist für „reife Zehen“ Pflicht! Und die Ellbogen darf man nicht vergessen. Die badet man in Öl. Sonst verraten sie das wahre Alter!

Dann braucht's nur mehr ein kleines Augenbad, damit die „reifen Augen“ glänzen wie einst, und nun folgt ein Häuchlein Make-up, wobei rote Äderchen mit grüner Creme verdeckt werden. Keine Angst, die sieht man nicht, auf die kommt noch Feuchtigkeitscreme und Grundierung und Transparentpuder! Und nun darf auch die „reife Frau“ zufrieden mit sich sein!

Pardon, ich habe das Haupthaar vergessen! Aber was die „reife Frau“ in ein „paar Minuten“ schafft, das ist halt in einem einzigen Artikel nicht unterzubringen.

Waren Sie schon beim Nobelfriseur?

Buchhändler klagen oft über „Schwellenangst" und meinen damit, dass es Leute gibt, die sich nicht in Buchhandlungen hineinwagen. Ich kenne solche Leute zwar nicht, aber unter meinen weiblichen Bekannten stelle ich „Schwellenangst" vor einer anderen Sorte von Geschäft fest: Etliche Frauen, die ich kenne, wären gern bereit, in einen „supertollen Haarschnitt" Geld zu investieren, haben aber vor gewissen „Coiffeur-Salons" Schwellenangst.

Sie machen sich auf den Weg zum „Haar-Stylisten", drehen aber, bei der Eingangstür angekommen, mutlos wieder um, weil sie in das, was sie durch die Auslagen erspähen, nicht hineinzupassen meinen.

Sehr gehobenes Friseurmilieu will halt gelernt sein. Angestellte und Kundinnen spielen dort bei Kaffee und Sekt-Orange auf „lockere Hairdresser-Party". Dieser Effekt tritt besonders dann ein, wenn junge Herren in Jeans oder Lederhosen am Damenhaar werken.

Vital, charmant und nie übergewichtig, wieseln, flattern und schweben diese Knaben von Dame zu Dame, erkundigen sich nach der letzten Tennisstunde, dem vereisten Kofferraumschloss der einen, dem Ceylontrip der anderen, besprechen die Horoskope des Tages, erkundigen sich nach den Kindern und Männern und schnipseln, scheint es, nur nebenbei an Haaren herum oder blasen Luft in diese.

Und die Damen scheinen auch weit eher zu Gespräch und Erholung hier zu sein als der Haare wegen.

Sehr ausgeschlossen fühlt sich die Frau, die zum ersten Mal in so einem Wasserwellentempel weilt. Auf die Frage, wer sie bedienen soll, weiß sie keine Antwort, welches freie Stühlchen sie zum Warten besetzen darf, ist ihr unklar.

Dass ihre Anwesenheit überhaupt wahrgenommen wird, erkennt sie daran, dass hin und wieder ein schwebender Knabe einen anderen fragt, ob er wohl Zeit „für die Dame" aufbringen könne. Worauf der andere Knabe vage lächelt und verspricht, dass er „schauen wird, wo er die Dame unterbringen kann".

So weiß die Dame wenigstens, an wen sie ihre hoffnungsvollen Blicke richten darf. Und irgendwann einmal erbarmt sich der Knabe ihrer.

Doch spätestens beim dritten Besuch im verspiegelten Palast weiß man, dass der Herr Pauli vom Silvester in Gastein träumt und der Herr Peter seinen Alfa verkaufen will, und wird gefragt, wie es am Freitag im Theater war, und ist somit „in".

Und hört sich selbst zu, wie man allerhand daherplappert, was einem an anderen Orten nie in den Sinn käme.

Ratlos im Leinen-Knitter-Look

Die Damenmode ist schon eine komische Sache, und je älter ich werde, umso ratloser stehe ich manchen ihrer Gebote gegenüber. Dabei bin ich absolut kein Modemuffel!

Ich nehme anstandslos zur Kenntnis, dass es nun wieder Achselpolster gibt und dass die Hosen dort zu pludern haben, wo sie früher stramm zu sitzen hatten. Ich finde es spaßig, wenn junge Damen à la Monroe dahertrippeln oder „Wie vom Winde verweht" in die Sommerferien fahren. Ist halt jetzt Mode, im Kinofilmlook einherzuschreiten, sage ich mir.

Ich erliege den Modediktaten sogar so sehr, dass ich mich auch nicht mehr mit einer Hose außer Haus wage, die in vorgestriger „Glockenfasson" geschnitten ist; obwohl das gute Stück noch tadellos in der Qualität ist.

Ich erliege dem Modediktat sogar so sehr, dass ich in solch einer Hose nicht einmal mit mir total alleine im Gärtlein Unkraut zupfen mag. Und in den gewissen Blusen mit den spitzen, langen Kragenenden fühle ich mich einfach „nicht mehr wohl".

Ich habe mich sogar dazu durchgerungen, merkwürdige Stoffmuster, die mich an die „Schlafröcke" meiner Oma erinnern, zu akzeptieren und meine Tochter mit ihrer 36er-Figur in einem Jackett Herrengröße 58 allerliebst zu finden.

Aber eine modisch sehr bewusste Dame brachte mich unlängst doch zum Staunen. Als ich sie nämlich am Montag traf, war sie ganz unglücklich. „Schau dir das an", klagte sie und zeigte mir ihre Kehrseite und wies auf etliche Knitterfalten in Rock und Jacke hin. „So teuer war das! Und jetzt komm' ich daher wie eine Ziehharmonika!" Am Dienstag jedoch sah ich die Dame wieder. Sie hatte ein anderes Kostüm an, und das war noch viel verknitterter als das gestrige, aber die Dame war darob nicht gram, sondern zeigte mir das Ensemble voll Stolz. „Ist doch toll, oder?"

„Es knittert auch ziemlich", antwortete ich.

„Das ist ja irisches Leinen", sprach die Dame. „Das muss ja knittern. Irisches Leinen knittert edel!"

Voll Stolz blickte sie auf ihr edles Geknitter, das jedem Sandleranzug Ehre gemacht hätte, mich aber in einen modischen Zwiespalt brachte!

Ich besitze nämlich auch so einen Knitterfrack, aber der ist aus echtem Waldviertler Leinen! Handgewebt! Darf der nun knittern oder darf er nicht? Kann ich stolz auf ihn sein oder muss ich mich über ihn ärgern? Wahrscheinlich erfahre ich das erst, wenn sich ein Modeschöpfer des Waldviertler Leinens erbarmt.

Ausspannen!

„Ausspannen und abschalten sollten Sie einmal ein paar Tage!“ Diesen Rat gibt man gern denen, die überlastet, überarbeitet und gestresst wirken. Der Rat ist ja wahrlich ein guter, nur fruchtet er leider meistens kaum, denn nichts im Leben fällt manchen Leuten schwerer als geruhsame Untätigkeit.

Sie sind ans „Eingespanntsein“ so gewöhnt wie ein alter Droschkengaul, sie sind so eingeschaltet wie ein zwölfflammiger Luster und haben keinen Kippschalter zum Abdrehen.

Ich weiß, wovon ich rede, denn ich gehöre auch zu dieser Sorte von Menschen. Nichts wünsche ich mir sehnlicher, als eine Woche lang einfach gar nichts tun zu müssen. Doch kommt dann alle paar Jahre einmal tatsächlich so eine Woche, dann bin ich ratlos und verwirrt.

Diese raren Wochen können mir natürlich nur in der Fremde zustoßen, denn daheim finden sich Leute wie ich, wenn sie der Berufsarbeit entsagen, schnell eine berufsfremde Arbeit, die sie schuften lässt wie Stachanow.

Eine alte Kredenz abbeizen etwa, alle Fenster streichen, die Möbel umstellen, den Dachboden entrümpeln, einen Blazer schneidern oder andere ungeheuer lebenswichtige Beschäftigungen.

Und der schöne Stress, diese Arbeit in der arbeitsfreien Zeit zu schaffen, ist gegeben.

In ferner Fremde jedoch bleiben einem derartige tagesfüllende Tätigkeiten verschlossen, und dann hockt man, sei es am

Strand, sei es auf der Wiese, sei es in der Hotelbar, und tut unheimlich locker und entspannt, ganz so, als sei man beglückt dem Nichtstun hingegeben.

Aber tief drinnen in einem, da ist alles angespannt und irgendwas vibriert und liegt auf der Lauer. Und klingelt das Telefon auf der Theke der Hotelbar, zuckt man zusammen und fühlt sich betroffen.

Dass einen hier Telefongeklingel gar nichts angeht, dass hier absolut keiner etwas von einem will, muss man erst lernen. Es lässt sich natürlich lernen.

Am vierten Ausspanntag irritiert die Telefonklingel nicht mehr, am fünften schafft man es schon, in der Sonne zu dösen, ohne an zukünftige oder vergangene Berufsarbeit zu denken.

Am sechsten gelingt einem schon ein dreistündiger Mittagsschlaf, und am siebenten hätte man das Ausspannen und Abschalten kapiert.

Aber da muss man dann leider abreisen.

Ist vielleicht mein Verhältnis zur Mode gestört?

Die Mode und ich haben seit eh und je miteinander Schwierigkeiten gehabt. Als Kleinkind tobte ich über die Klamotten, in die man mich stopfte, weil sie meinem Körpergefühl nach viel zu locker saßen und auch kratzten. Als großes Kind litt ich unter Übergewicht und wollte von Kleidern überhaupt nichts wissen.

In meinen frühen Jugendjahren verzweifelte ich, weil die Teens-Mode noch nicht erfunden war und man entweder als Kind oder als Frau eingekleidet wurde; beides kam mir unpassend vor. In meiner späten Jugend hätte ich genau gewusst, wie mich einzukleiden, aber dazu reichte das Geld nicht. Ich schneiderte selbst und oft ohne viel Erfolg. So erinnere ich mich an ein schulterfreies Abendkleid, im Rücken bis zur Taille ausgeschnitten. Ich nähte es aus einem festen Seidenstoff und meinte deshalb, auf versteifende Einlagen verzichten zu können, was ein Irrtum war, weil die Stoffsteife von Appretur herrührte, die sich beim Tanzen, in Tuchfühlung mit Frackbrüsten, auflöste, weshalb ich die zweite Ballhälfte mit streng über der Brust verkreuzten, behandschuhten Armen zubrachte, um nicht „oben ohne“ dazustehen.

Dann kamen gute Zeiten, denn die Sackmode war leichter zu schneidern, aber das hielt nicht lang an. Bald entflammte ich für Courréges: Drei Wochen hockte ich über einem weißen Kostüm, um ihm exakte schwarze Kanten aufzuzwingen, dann stopfte ich das Ding in den Flickenbinkel.

Hierauf kaufte ich ein gutes Jahrzehnt meine Kleidung in Boutiquen und suchte von Jahr zu Jahr „bessere“ Läden auf. Mit schlechtem Gewissen! Es ist kein gutes Gefühl, für einen Blazer so viel auszugeben, wie eine Arbeiterin im Monat verdient. Ich tat diese Käufe auch nicht regelmäßig. Immer nur dann, wenn ich besonders frustriert war, wenn mir mein Leben und meine Arbeit zum Kotzen vorkamen, plumpste ich in einen Luxusladen und grapschte mir ein Luxusstück. Und besonders blöd kam ich mir vor, wenn ich merkte, dass mir das Wissen, ein Armani- oder Cerruti-Etikett im Futter zu haben, Selbstwertgefühl verschaffte.

Seit ich meistens auf dem Land lebe, trage ich alte Sachen auf. Gestern, als ich mit meinem Mann zum Nachbarn ging, blieb er auf halbem Weg stehen, starrte und fragte: „Sag, wie schaust denn du eigentlich aus?“

Ich weiß nicht, was er hatte! Die gelbe Hose war von Hechter, die braune Bluse von Rodier, der rote Pulli von Armani, die rosa Tennissocken von Lacoste und die grünen Trachtenschuhe vom Lanz! Vielleicht hatte er nur was dagegen, dass ich seinen Burberry übergezogen hatte. Der ist mir nämlich ein wenig zu groß, und der Saum schleift im Staub, wenn ich ihn trage.

Aber mit der Mode, glaube ich, habe ich Frieden geschlossen.

Vom Hänger in die Schoß!

Früher hatten sich Frauen „altersgemäß“ zu kleiden. Ich wurde noch in diese Zeit hineingeboren, habe sie die ersten Jahrzehnte meines Lebens erlitten.

Als weibliches Baby musste man „Rosa“ tragen, höchstens mit „Weiß“ geputzt. Wohl, damit gleich auf den ersten Blick klar war, dass sich im Kinderwagerl leider kein „Stammhalter“ befand!

Dann folgten die Jahre des „Hängers“. Kurze Passe, angekrauster Rock, meistens mit Puffärmeln und Bubikragen bestückt.

Ab der Taferlklasse ward man in Kleider mit „Leib“ gesteckt. Der Leib reichte bis zur Taille oder auch eine Handbreit drunter oder drüber, je nachdem, ob man ins Kleid erst „reinwachsen“ musste oder bereits „drausgewachsen“ war.

Wurde man Teenager, was Backfisch hieß, war man in einem Übergangsstadium, textilmäßig im „Niemandsland“. Was man trug, hing von den Müttern ab. Die einen ignorierten töchterliches Heranwachsen und zwangen Backfische weiter ins Leib-Kleid, auch wenn sprießende Formen den brustabnäherlosen Leib zu sprengen drohten. Andere hielten die Zeit für den Faltenrock reif. Wochentags kariert, sonntags dunkelblau. Ab Tanzschulalter, das mit 16 einsetzte, ging man nahtlos zur „Frauen-Mode“ über. Dann war erlaubt, was „die Saison“ befahl. Jährlich eine neue Rocklänge etwa, wobei die im Abstand vom Boden zum Rocksaum angegeben war! Es wurde also auf Gesamt- und Beinlänge der Frau keine Rücksicht genommen, wodurch manchen Damen der „aktuelle“ Kittel bis zur halben Wade, manchen bis zu den Knöcheln reichte. Es gab auch pro Saison eine „Linie“, symbolisiert durch Buchstaben wie A, Y, X oder T, und die Figur hatte sich dem Buchstaben anzupassen. T war: Schultern breit, drunter schmal. Y war: Breiter Oberleib, von der Taille an schmal. X war: Enge Taille, Schultern und Hüften breit. A war: Vom Hals an wie ein Stanitzl!

War man dann um die fünfzig, musste man vom Saisonangebot lassen und „zeitlos madamig“ sein. Dann trug man statt Röcken „Schoßen“, statt Pumps „Trotteurs“, statt Pullis „englische Kostümjacken“ und Hüte, Riesenkrapfen ähnlich, die Boxhiebe abbekommen hatten. Natürlich soll man dieser geregelten Textil-Zeit nicht nachtrauern, aber eins ist wahr: Des stolzen Gefühles, das unsereiner hatte, wenn er vom „Hänger“ in den „Leib“ wechseln durfte, gehen Kinder heute verlustig.

Keine „Schoß“ tragen zu müssen entschädigt dafür aber Jahrzehnte später bei Weitem.

Im Fettnäpfchen

Taktlosigkeiten können absichtlich gesetzt oder ohne Arg begangen werden. Erstere mögen, wegen der kränkenden Absicht, die gemeineren sein, aber vernichtender wirken die ungewollten Taktlosigkeiten.

Sagt man, voll Hinterhalt, mit sanft gebremstem Hohn zu jemandem, den man bisher glatzig kannte: „Ach, dir sind ja Haare gewachsen!", wird das der Herr nicht als nett empfinden. Sitzt dieser Herr aber in einer Runde, die rätselt, welch psychischen Defekt einer haben muss, der nicht im Glanze seiner Glatze außer Haus geht, fühlt er sich sicher noch mieser.

Ganz peinlich wird es, wenn einer aus der Runde plötzlich mitten im Satz stockt, erschrocken starrt und dann verbal den Rückzug antritt, worauf die anderen kapieren, dass ein Toupetträger unter ihnen weilt, und stotternd beteuern, man könne Herrentoupets auch anders sehen, und Männer sollten die gleichen Rechte auf Locken haben wie Frauen.

Der Schaden ist nicht mehr gutzumachen! Der Toupetträger verlässt vorzeitig die Runde, und man murmelt betreten: „Oh, wie peinlich! Hätte ich das geahnt, kein Wort hätte ich gesagt!"

Solche Peinlichkeiten sind zu vermeiden, indem man ein prüfend Auge auf seine Gesprächspartner wirft, bevor man den Mund auftut. Dann passiert es nicht, dass man vor 100-kg-Leuten über Fresssucht, vor kleinen Männern über den Napoleon-

Tick der Zwerge und vor Leuten mit S-Fehlern über „Zuzler" redet. Doch selbst wer solch taktvolle Aufmerksamkeit trainiert hat, hat erst eine kleine Hürde genommen, denn man kann einem Menschen ja nicht ansehen, ob ihm – zum Beispiel – die Tochter durchgebrannt ist. Also redet man locker davon, dass immer die Eltern Schuld haben, wenn sich Kinder falsch entwickeln.

Oft allerdings könnte einem einer aus der Runde diskrete Hinweise geben. Aber die unterbleiben meistens, weil durchschnittlich gemeine Menschen nichts so sehr genießen wie die prickelnde Atmosphäre, die entsteht, wenn jemand harmlos im Fettnapf herumtritt und nicht ahnt, was er da wem antut.

Das merkte ich unlängst, als ich mich über die Dummheit einer Dame ausließ und mein Freund A. lüsterne Glitzeräuglein bekam, die ich mir nicht deuten konnte. Erst hinterher wurde mir der Glitzerblick klar. Da sagte er mir nämlich: „Ja, hast du denn wirklich nicht gewusst, dass der Herr zu deiner Linken mit dieser Dame verheiratet ist?"

Nein, wahrlich, das hatte ich nicht!

Diät: Jetzt schmeckt einfach alles!

Gestern am frühen Abend kam mir plötzlich der Einfall, meine Sommergarderobe durchzuprobieren, weil ich wissen wollte, welche der edel knittrigen Leinenmonturen und der nicht minder edel lappigen Seidendinger des Vorjahres meinen modischen Ansprüchen noch genügen können.

Seither geht es mir schlecht! Das sommerliche Zeug ist zwar durchaus und durchwegs noch recht reputierlich, aber ich fülle es leider allzu heftig aus.

Knappe zwei Kilo habe ich seit vorigem Sommer zugenommen, und diese zwei Kilo haben sich satanischerweise nicht artig über den ganzen Leib verteilt angesiedelt, sondern lagern unartig ausschließlich um meine Mitte herum. Schließe ich einen Rock- oder Hosenbund der vorjährigen Kleidung, fühle ich mich beengt und muss unschöne Aufwölbungen von Fett über der Taille wahrnehmen. Von einer „Fettschürze", wie das die Mediziner nennen, kann nicht die Rede sein, aber eine „Fettwurst" lässt sich zwischen Daumen und Zeigefinger unschön fassen.

Und meine Lieblingshose lässt sich überhaupt nur mehr schließen, wenn ich mich flach auf den Rücken lege, weil in dieser Lage der Bauch einsinkt.

Mit einer neuen Garderobe – eine Nummer größer – wäre Abhilfe zu schaffen, da dies aber eine sehr kostenintensive Lösung ist, verfiel ich gestern am frühen Abend auf die Idee, mein Körpergewicht einfach um zwei Kilo zu reduzieren.

Und seither geht es mir schlecht, denn seither habe ich etwas, was ich noch nie hatte: Hunger! Der Hunger rührt nicht daher, dass ich mir Esswaren versage, denen ich ansonsten reichlich zuspreche.

Ich bin üblicherweise überhaupt keine freudige Fresserin, und man muss mir einen Bissen dreimal andienen, bevor ich ihn lustlos konsumiere. Doch seit gestern Abend, seit ich mir „Diät" verordnet habe, erscheint mir alles Essbare im Hause als der Gipfel der Leibesgenüsse.

Schon dreimal zuckte meine Hand nach einem reichlich alten Scherzel Nussstrudel, den ich früher nie, aber wirklich nie, als essmöglich in Betracht gezogen hätte. Sogar an einem Sack Rosinen wollte ich mich schon vergreifen, wo ich doch dafür bekannt bin, dass ich Rosinen sogar aus dem Apfelstrudel entferne und am Tellerrand lagere.

Und in der Nacht träumte ich von einem Schmalzbrot! Seit ich abnehmen will, kann ich nur noch ans Essen denken. Das ist kein Leben! Ich werde mit mir einen Kompromiss schließen und die Bundknöpfe versetzen!

Einige ehrliche Worte über den guten Geschmack unter guten Freunden

Wir haben Freunde, die Dinge für schön halten und kaufen, die uns als Gipfel an Geschmacklosigkeit erscheinen. Natürlich wollen diese Freunde, dass wir das, was sie als schön empfinden und gekauft haben, gebührend bewundern.

Theoretisch sind wir dazu auch sehr bereit. Wir sind ja tolerant.

Wenn sich Kitti mit ihren 100 Kilo und ihren 45 Lenzen im rosa Rüschelkleid wohlfühlt, ist das ihre Sache. Wenn Kurt sein Genossenschaftskämmerlein im Neo-Hazienda-Stil möbliert, wem tut es weh? Und Otto soll sich ruhig an der Essig & Öl-Zigeunerin erfreuen, die er samt Plastik-Barock-Rahmen im winterlich zweckentfremdeten Eissalon erstanden hat!

Peinlich wird die Angelegenheit erst, wenn uns die guten Leute vor das Ölbild und ins spanische Kolonialzimmer führen oder sich in der Rüschenpracht vor uns drehen und auf positive Stellungnahme harren. Natürlich gibt es Leute, die dann das Verlogenste, ohne schamrot zu werden, formulieren. Aber der nur durchschnittlich unehrliche Normalbürger gerät entsetzt ins Stammeln und bringt nur ein vages „Oh, wie nett“ zuwege und merkt, dass er nicht überzeugend wirkt.

Manche Leute schaffen nicht einmal das.

Erstarrt stehen sie vor dem, was ihre Freunde für „schön“ halten, und sind keines Wortes fähig. „Na?“, werden sie bedrängt. „Ist doch schön! Oder gefällt es dir nicht?“, bohren die Besitzer von Brokat-Telefon-Überzügen, Plastik-Stukkaturdecken, Pseudo-Gotik-Lüstern und grün erhellten Zimmerspritzbrunnen und Motorradhelm-Lampen.

Warum fällt uns eigentlich der Satz: „Mir gefällt das nicht!“ so schwer?

Eine alte Freundschaft wird schließlich noch ein abfälliges Urteil über einen Elefantenfuß-Schirmständer aushalten. Zum Ausgleich könnte ja der Schirmständerbesitzer endlich kundtun, dass ihm unsere Hinterglaskatze reichlich kitschig vorkomme.

Doch wahrscheinlich ist es gerade diese Konsequenz – Wahrheit gegen Wahrheit –, die uns zum Heucheln bringt. Denn unsere Hinterglaskatze – also wirklich! –, die ist „echt süß“, die hat einen Katzenblick, der uns ans Herz geht. Wie kann uns jemand unterstellen, uns gehe Kitsch ans Herz? Das kann gar nicht sein, weil wir nämlich kein verkitschtes Gemüt haben, und nur verkitschte Gemüter lieben kitschigen Zierat!

Unserer Freunde negatives Urteil träfe also nicht bloß ein DIN A4 großes Stück bemaltes Glas, sondern unser ganzes Wesen.

Und das täte sehr, sehr weh!

Spülmittel für raue Männerhände

Unter den vielen dummen Fernsehwerbespots, die mich ärgern, gibt es einen Langzeit-Renner, der, so oft ich ihn auch sehen und hören muss, nichts von seinem negativen Reiz für mich einbüßt.

Ich meine den, wo eine blonde Dame zur Handpflegerin kommt und die Handpflegerin die Hände der Dame inspiziert und sich darüber freut, dass die Dame nun keine raue Haut mehr auf den Handerln hat.

Die Dame erklärt die neuerdings so gute Hautqualität damit, dass seit geraumer Zeit ihr Ehemann den Abwasch mache. Worauf die Hautpflegerin dreinschaut, als habe sie ganz entsetzliche Kunde vernommen, und konsterniert und kulleräugig fragt: „Ihr Mann?“

Und dann schaut die Blonde beschämt, doch gleich darauf wird sie wieder froh, denn die Handpflegerin verrät ihr die Marke eines Geschirrspülmittels, welches nicht nur das Geschirr blitzsauber macht, sondern auch ein wahrer Handbalsam ist.

Na fein! Jetzt braucht der Ehemann der Dame seine männlichen Männerhände nicht mehr ins Abwaschwasser zu tauchen!

Welch wirres Gehirn, frage ich mich, meinte, mit dieser Botschaft auf heutige Frauen positiven Eindruck zu machen?

Hat sich in den Werbeagenturen noch immer nicht herumgesprochen, dass die Frauen heutzutage – alte wie junge – daran interessiert sind, ihre Ehemänner an der Hausarbeit so weit als möglich zu beteiligen?

Auch wenn sie überhaupt keine Probleme mit ihren Händen und deren Rauheit haben?

Warum eigentlich kommen die Werbeleute nicht endlich auf die zeitnahe Idee, den Männern ein Geschirrspülmittel anzudienen? Vielleicht mit einem Slogan wie: „Harter Dreck braucht harte Hand!" Oder: „Raue Pranken lieben weiches Wasser!"

Kaum eine Frau, glaube ich, würde den Supermarkt verlassen, ohne das Spezialspülmittel für den modernen Mann eingekauft zu haben.

Die Werbeherren müssten das eigentlich wissen. Aber vielleicht haben sie Angst, die eigene Ehefrau könnte ihnen dann auch so eine Flasche nach Hause bringen.

Zwiegespräch mit Bauch und Glatze

Nachstehendes hat nur insofern mit „Haushalt“ zu tun, als es meinen Gefühlshaushalt zum Sieden brachte; was sich wiederum auf meinen Haushalt auswirkte, weil ich nur in sanfter Gemütslage gut koch’ und bereit bin, anderer Leute Mist wegzuräumen. Was meinen Gefühlshaushalt irritierte und zum Sieden brachte, war dieses:

Ich saß im Kaffeehaus, las Zeitung und achtete nicht der Gäste, die hinter mir Platz nahmen.

Beim Sportteil angekommen, der mein Interesse nur minimal beansprucht, widmete ich einen Teil meiner Aufmerksamkeit dem Gespräch der Leute hinter mir und hörte Folgendes:

Herr 1 (*angewidert*): „Hast die Frau vom Fritzi in letzter Zeit gesehen?“

Herr 2 (*schaudernd*): „Brr! Schrecklich!“

Herr 1: „So was von fett! Und schiach wie der Zins! Ungustig!“

Herr 2: „Des Doppelkinn und der Bauch!“

Herr 1: „Und Haar wie ein Klobesen!“

Herr 2: „Ich glaub’, sie trinkt auch!“

Herr 1 (*entschieden*): „A schrecklichs Weib! Ka Wunder, dass er eine andere hat!“

Hierauf endete der Dialog in Geseufze, ich drehte mich um und besah die zwei Herren. Jeder von ihnen wog hundert Kilo. Der Fettbauch des einen war so enorm, dass er zwischen Hemdknöpfen behaart herausquoll. In beider Herren Bärte waren außer Bierschaum auch Brotkrümel und Gulaschsaft. Um die Glatzen der zwei Herren kräuselten sich fettige, ungekämmte Resthaare, und hätten sie Krawatten getragen, wären die Krawattenknöpfe garantiert von den Speckfalten ihrer Vierfachkinne verdeckt gewesen.

Ich starrte die zwei an. Sie nahmen meinen intensiven Blick zur Kenntnis und lächelten. Da sehr fette Gesichter wenig Mimik haben, bin ich mir nicht ganz sicher, ob sie mir nicht auch zugezwinkert haben; doch fast möchte ich es annehmen.

Schließlich standen meine zwei Herren auf und schritten bierrülpsend Richtung WC. Sie kamen an einem Spiegel vorbei, blieben stehen, beschauten sich zuversichtlich im spiegelnden Glase – der eine wischte mit dem Handrücken Schaum vom Bart, der andere fuhr sich mit allen zehn Würstelfingern durchs restliche Haupthaar –, dann marschierten sie weiter.

Stolz, selbstbewusst und sicher!

Ein Fettbauch, ein Vierfachkinn, ein Krümelbart, eine Struwwelglatze – solange man männlichen Geschlechts ist, spielt das anscheinend keine Rolle. Man ist ja gottlob nicht Fritzis Frau!

4. Trautes Heim

Eigentümliche Eigentumsverhältnisse

In einer Familie, die freundlich und friedlich funktionieren soll, darf der Eigentumsbegriff der einzelnen Familienmitglieder kein allzu ausgeprägter sein. Schwestern, die die Schlüssel zu ihren Kleiderschränken an Halsketten herumtragen, Mütter, die Weinkrämpfe bekommen, wenn ihre Töchter nach ihrem Parfüm duften, und Väter, die in verbitterten Gram verfallen, weil ihre Söhne ihre Krawatten umgebunden haben, sind unleidliche Familienmitglieder.

Aber ein bisschen „mein" und ein bisschen „dein" braucht ein jeder, auch das im Familienverband lebende Individuum. Und meistens sehen das die anderen Verbandsmitglieder auch anstandslos ein.

Mir – zum Beispiel – gehören als ganz private Besitztümer: der Mistkübel, die leeren Flaschen, die alten Zeitungen und der Einkaufskorb. Mir gehören auch meine Blusen und Hosen und Röcke, mir gehört überhaupt meine gesamte Kleidung, wenn sie schmutzig ist und der Reinigung bedarf.

Mir gehören die schmutzigen Fensterscheiben und die Schallplatten, wenn sie hüllenlos auf dem Teppich liegen. Und mir – ich bitte um Pardon für die genierliche Erwähnung – gehört das WC, ganz gleich, in welchem Zustand der Verschmutzung es auch immer sein mag.

Überhaupt alles, was der Wartung, der Betreuung, der Pflege und der Fürsorge bedarf, ist mein Eigentum, das als solches von jedermann geachtet und respektiert wird.

Einzige Ausnahme, und das merke ich seit nun fast zwanzig Jahren, sind meine Töchter. Die sind nämlich manchmal „meine Töchter" und manchmal „seine Töchter".

Mir haben sie immer gehört, wenn sie gebrüllt und getobt haben, wenn sie Schulschwierigkeiten hatten und Unordnung machten und gegen sämtliche Regeln des kommoden Zusammenlebens verstießen.

Meinem lieben Partner gehörten sie, wenn sie den Führerschein gleich im ersten Anlauf ergatterten, im frühkindlichen Alter hohe, geistige Leistung vollbrachten und Ansätze zu edler Charaktergrundhaltung zeigten. Dann waren die guten Geschöpfe „seine" Kinder.

Die guten Geschöpfe hingegen haben im Laufe der Jahre immer wieder betont, dass sie weder ihrer Mutter noch ihres Vaters Eigentum seien, sondern ausschließlich „sich selber" gehörten!

Schön wäre es, wenn auch mein Mistkübel, mein Fußboden und mein WC diesen Standpunkt so eisern vertreten würden.

Heizkrieg im Herbst

Das Gefühl „Mir ist kalt“ und das Gefühl „Mir ist heiß“ entsteht leider nicht bei allen Menschen unter gleichen Temperaturbedingungen.

Im Sommer ist das eine Angelegenheit, die jeder allein mit sich und der herrschenden Wetterlage auszumachen hat. Aber nun ist schön langsam wieder die Zeit angebrochen, wo die divergenten Auffassungen darüber, was ein „wohltemperierter Raum“ ist, zum Familienproblem werden können.

Es soll ja Familien geben, wo sich alle Familienmitglieder in Sachen Raumtemperatur einig sind. Die sind glücklich zu preisen!

Und die Unterabteilung dieser glücklichen Familien, die, wo sich alle Familienmitglieder bei 18 Grad Celsius wohl fühlen, ist natürlich doppelt und dreifach glücklich zu preisen, wegen der minimalen Heizkosten.

Aber in den meisten Familien, die ich kenne, bricht jeden Herbst der „Heiz-Krieg“ aus. Immer fröstelt einer vor sich hin, und einer bekommt Beklemmungen, weil eine „Affenhitze“ herrscht.

Einer redet von Energiekrise und Gas-Strom-Koks-Kosten, und einer sagt, bevor er erfriert, isst er lieber trockenes Brot und trinkt nur mehr Wasser.

Einer schleicht heimlich zum Thermostaten und schiebt den Regler listig gegen die 30-Grad-Grenze, einer schleicht noch listiger hinterher und drückt den Regler hämisch grinsend auf die Null-Markierung herab.

Ich zum Beispiel, ich friere leicht. Ich heize gern und gut ein. Schöne 25 Grad sind mir recht. 26 oder 27 Grad stören mich auch nicht. Sogar für das 28-Grad-Zimmer meiner Mutter kann ich Verständnis aufbringen. „Die alte Frau ist eben schlecht durchblutet", sage ich. „Die braucht das!"

Für die Schweißperlen auf der Stirn meines Mannes jedoch bringe ich nicht das geringste Verständnis auf. Der soll sich doch bloß nicht so anstellen! Was hat er denn? Er kommt um vor Hitze? Lächerlich! – Und jetzt reißt er zwei Fenster auf! Er will mich in den Erfrierungstod treiben! Einwandfrei! – Was sagt er? Hitzeschlag sagt er? Blödsinn! Den gibt es doch gar nicht!

Zur Rede gestellt, hält er dann einen Vortrag über die braven Rotchinesen, die bei 16 Grad glücklich ihrem Tagwerk nachgehen.

Bei anderen Meinungsverschiedenheiten, die in Familien auftauchen, kann man an die Toleranz der Familienmitglieder appellieren. Beim Problem „Raumtemperatur" ist das sinnlos.

Gewissensbisse

Das Zusammenleben mit Personen, die ihr Hab und Gut nicht in Ordnung halten können, ist manchmal ziemlich schwer. Aber das Zusammenleben mit Personen, die das Hab und Gut der anderen Familienmitglieder in Unordnung bringen, ist noch viel schwieriger.

Man kauft drei Tageszeitungen, geht nach Hause und freut sich schon auf die Zeitungslektüre.

Man kommt zu Hause an, legt die Zeitungen auf den Tisch und kocht Kaffee, weil man zeitunglesend Kaffee trinken möchte.

Man gießt den Kaffee in eine Tasse, trägt die Tasse zum Tisch – und die Zeitungen sind weg. Bloß drei den Zeitungen beigepackte Prospekte liegen dort.

Vergrämt durchsucht man die Wohnung. Den Sportteil entdeckt man auf dem Klo, den Inseratenteil – leicht durchnässt – im Bad. Kultur, Innenpolitik und Lokales sammelt man in den diversen Zimmern ein, und das Ausland bleibt verschollen.

Man trägt das Wiedergefundene zum Tisch und sortiert es, und die Zeitspanne, die man sich zum Zeitunglesen gewährt hatte, ist um.

Oder: Man kommt spätabends heim und ist total erschöpft und will nichts anderes, als zu Bett gehen. Aber das geht nicht, weil ein Familienmitglied sämtliche Knöpfe, die sich im Haushalt befinden, auf dem Bett in Viererreihen arrangiert hat. Auch

Nähnadeln, Druckknöpfe und erstaunlich viele Garnrollen liegen auf der Bettdecke.

Fluchend räumt man den Kram vom Bett und hofft, die schlaftrunkenen Augen mögen keine der Nähnadeln übersehen haben.

Halbwegs erträglich wären solche zwischenmenschlichen Unarten ja noch, wenn sie von allen Familienmitgliedern aktiv gesetzt und passiv ertragen würden. Aber dem ist nicht so!

In den meisten Familien weiß der Bruder, dass er der Schwester Ordnung nicht verletzen darf. Und die Schwester achtet des Bruders diesbezügliche Eigenheiten. Und beide zusammen wissen, dass der Papa, wenn es – zum Beispiel – um seinen Schreibtisch geht, sehr penibel ist.

Ohne Gewissensbisse und ohne Reue werden fast ausschließlich Sachen verlegt, verstreut, vertragen oder entfernt, die die Hausfrau und Mutter für ihre Arbeit oder ihre Freizeit gerne an dem Ort hätte, wo sie zur Benutzung dienlich sind. Und dies einfach aus dem Grund, weil die Familienmitglieder gar nicht zur Kenntnis nehmen, dass die Hausfrau und Mutter überhaupt Dinge hat, die sie mag oder braucht.

Mütter leiden ...

Wenn ich mich bei Jugendlichen so umhöre, muss ich feststellen, dass es nichts Ungerechteres gibt als Mütter! Unter den Gemeinheiten, die Mütter ihren halbwüchsigen Kindern antun, steht meinen Informationen nach an erster Stelle die, dass Mütter rasend darauf erpicht sind, ihren Nachwuchs „ins Unrecht zu setzen“.

Bei dem, was in einem Haushalt so an Arbeit anfällt, kann man das am besten merken. Die guten Kinder sind nämlich in Wirklichkeit unerhört arbeitswillig!

Sie sehen ein, dass ihre Mama, egal, ob nun berufstätig oder Hausfrau, nicht der Putztrampel der Familie ist! Sie sehen ein, dass man einen Haushalt partnerschaftlich zu führen hat, dass da ein jeder seinen Anteil an Arbeit zu erbringen hat. Sie haben gar nichts dagegen, den Mistkübel auszuleeren, die Badewanne zu säubern, den Staub zu saugen, den Tisch zu decken und die Milch und die Semmeln einzukaufen.

Aber die hinterhältige Mama macht das selbst! Exakt in dem Augenblick, wo die Tochter das Hinterteil aus dem Stuhl hebt und die Hausschuhe gegen die Stiefel vertauschen will, um sich ans Milcheinkaufen zu machen, fällt die Wohnungstür ins Schloss, und die Mama ist bereits mit der Einkaufstasche unterwegs. Mit dem Mistkübel ist es genauso! Der Sohn ergreift wacker den Mistkübelhenkel und muss feststellen, dass der Mistkübel entleert ist. Und die Tochter, die den Tisch decken will, wundert sich, dass in der Esszeuglade keine Messer sind, bis sie merkt, dass die boshafte Mama den Tisch schon gedeckt hat. Warum machen Mütter das? Die Kinder wissen es. Sie sagen: „Damit sie leiden kann! Damit sie mir meine Faulheit beweist! Damit man sieht, dass sie sich aufopfert!“ Das ist übertrieben! So hinterhältig sind Mütter nicht! Es mangelt ihnen nur an Langmut und Gelassenheit. Wenn der Mistkübel randvoll ist, kann man doch ruhig einen zweiten und einen dritten aufstellen. Irgendwann einmal, vielleicht wenn es in der Küche arg stinkt, wird der Sohn schon seiner Pflicht nachkommen.

„Immer muss bei ihr alles gleich geschehen“, klagen die Kinder. Liebe Mütter! Richtet euch doch mehr nach eurem Nachwuchs! Wenn ihr ihn gewähren lässt, zeigt er euch sicher, wie man den Tisch eine Stunde nach dem Essen schön aufdeckt!

Eine richtige Frau

Ich koche oft, ich koche gern, ich koche angeblich recht gut, und da ich schon lange koche, habe ich auch eine gewisse Fertigkeit in diesem Metier entwickelt. Ich gerate also nicht in Endfertigungspanik, wenn ich vier Gänge auftragen will, und werde weder hektisch noch konfus, wenn ich zehn Personen bewirten muss.

Ich beginne nicht einmal zu rotieren, wenn sich statt vier angesagter Gäste acht starke Esser einstellen, und ich habe schon genießbare Kompromisse auf den Tisch gestellt, wenn offenbar wurde, dass ein Gast mein „Huhn à la Picasso" verschmähen musste, weil er gegen Paradeiser allergisch war und ein zweiter selbige Speise nicht ausstehen konnte.

Schwierig wird Kochen dann für mich, wenn ich mit mir längere Zeit allein bin und, der ewigen Butterbrote und Kekse überdrüssig geworden, nach einer gekochten Speise Sehnsucht habe. Ich kann mir nichts kochen!

Äußert irgendein Mensch – es muss gar kein geliebter sein – den Wunsch nach Palatschinken, bin ich jederzeit bereit, sie zu erzeugen, und beteuere, dass das wirklich keine Mühe mache und im Nu ganz leicht herzustellen sei.

Bin ich mit mir allein, überlege ich, ob ich mir Spiegeleier oder Eierspeise machen solle, und entscheide mich für Spiegeleier, weil ich mir da das Verquirlen erspare; dabei kann ich Spiegeleier nicht leiden!

Dass ich für mich nicht kochen mag, hat wahrscheinlich den Grund, dass ich allein nicht essen kann. Es gehört für mich zu den ganz trostlosen Dingen im Leben, einsam vor einem vollen Teller zu sitzen.

Ohne Esspartner starre ich auf das zarteste Filet wie ein Kind, zu dem man gesagt hat: „Du stehst nicht auf, bevor der Teller leer ist“, in den Spinat starrt. Ohne dass ich jemanden frage: „Schmeckt's?“, ohne dass jemand sagt: „Herrlich!“ bin ich verloren!

Vor der absoluten Nulldiät schützt mich in solcher Lebenslage nur eine Zeitung. In diese starre ich dann und führe dabei die Gabel zum Mund und kaue und schlucke und nehme nicht wahr, ob ich Filet oder Eier in mich hineinstopfe.

Unlängst trug ich meiner Mutter dieses Problem vor, und sie sprach: „Na klar! Wer wird sich denn mit sich selber so viel Mühe machen? Eine richtige Frau ist halt keine Egoistin, die auf sich selber schaut!“

Da wurde mir allerhand etwas klarer. Wie wir so – von Generation zu Generation – unser frauliches Pensum erlernen, ist doch deprimierend. Oder?

Hat Mutter mich total verdorben?

Meine Mutter hat mich in meiner Kinderzeit viel gelehrt. Das meiste, was sie mir beigebracht hat, erlernte ich nicht durch direkte Unterweisungen und Anleitungen, sondern dadurch, dass ich ihr zuschaute und zuhörte und mit ihr zusammenlebte.

Sehr viel von dem, was sie mir so vermittelte, hat mir im Leben geholfen, manches allerdings könnte ich leichten Herzens missen.

Meiner Mutter sind deswegen keine Vorwürfe zu machen. Sie hat mir ja, zum Beispiel, nie flehend oder drohend gesagt: „Christerl, wenn du einmal eine Familie haben wirst und einer in der Familie sagen wird, dass er Hunger hat, dann musst du schnell aufspringen und hurtig Nahrung herbeischleppen!"

Nie hat meine Mutter auch nur etwas Ähnliches zu mir gesagt! Ich habe bloß eine ganze Kindheit und Jugend hindurch gesehen, dass meine Mutter aufgesprungen ist und Essen gerichtet hat, sobald einer in der Familie den Wunsch nach Nahrung geäußert hat.

Das geht tiefer als alle mahnenden Sprüche und Erklärungen!

Ich erinnere mich auch nicht daran, dass meine Mutter je sagte, eine Frau müsse sowohl den Haushalt erledigen als auch einen Beruf haben. Und dazu noch immer heiter und gelassen sein. Aber meine Mutter hatte einen Beruf und erledigte dazu noch alle Hausarbeit, inklusive Kinderkleider nähen und Pullover stricken und Tischtücher besticken. Und war heiter. Das genügt! Irgendwie komme ich mir schon schuldbeladen vor, weil ich eine Geschirrspülmaschine benutze und manchmal zehn Pullover in die Putzerei trage. Wo doch, laut meiner Mutter, die Sachen schneller kaputtgehen, wenn man sie nicht mit der Hand wäscht.

Wer von einer Mutter großgezogen worden ist, die „Faulheit" als die größte aller Todsünden ansieht, hat es nun einmal nicht leicht im Leben.

Manchmal, nach Tagen und Wochen, in denen ich ziemlich viel gearbeitet habe, fühle ich mich matt und müde. Dann kann es vorkommen, dass ich mich aufs Bett lege und einschlafe. Ich habe mich dabei ertappt, dass ich – von einem Familienmitglied, das nichtsahnend den Raum betrat, geweckt – erklärte, ich habe gar nicht geschlafen; bloß ein bisschen nachgedacht. Ist ja klar! Sonst könnte ja noch einer meinen, ich sei faul!

Dass ich durch so ein Verhalten genau das an meine Töchter weitergebe, was ich leider von meiner Mutter gelernt habe, ist mir in solchen Augenblicken nicht bewusst.

Die Vertreibung aus dem Paradies

Viele erwachsene Menschen, die auf eine halbwegs glückliche und halbwegs behütete Kindheit zurückblicken können, bedauern des Öfteren die Vertreibung aus dem sogenannten „Paradies der Kindheit“.

Meistens ist der erwachsene Mensch bei diesem nostalgischen Rückblick ja enorm im Irrtum. So schön, so ungetrübt, so voll Glückseligkeit, wie er das verklärt erinnert, war sein Kinderleben garantiert nicht. Aber es gibt schon Sachen, die einem unwiederbringlich verloren gegangen sind, wenn man erst einmal sich selbst verantwortlich geworden ist und seinen Mann oder seine Frau zu stehen hat.

Ich, zum Beispiel, trauere Herbst für Herbst, wenn mich ungeimpfterweise Schnupfen-Husten-Heiserkeit mit erhöhter Temperatur überfällt, meinen Kinderkrankenständen nach.

Zehn Jahre alt sein, einen Wollschal um den Hals gewickelt haben und, die Füße in sauer riechende Essigpatschen gepackt, zu drei winzigen Schlückchen Majorantee überredet werden, einen vierten Polster anfordern dürfen, „Mama, der Hals tut weh“ jammern können, etwas Schöneres hat das Leben nie mehr zu bieten!

Vor dem Fenster regnet es, und der Wind heult. Wer von draußen hereinkommt, ist nass und durchfroren und sagt, man könne froh sein, im warmen Bett zu liegen. Und in der Schule haben sie gerade Mathe-Schularbeit, und man ist total unschuldig daran, dass man sie versäumt.

Ob man Lust auf Apfelkompott hat, wird man gefragt, und jede halbe Stunde wird einem die Tuchent gewendet. Und wenn man leidend klagt, dass einem bettlägerig „fad" sei, erbarmt sich ein Familienmitglied und spielt Karten mit einem und verliert dabei aus lauter Mitleid absichtlich.

Das arme Hirn muss einmal abschalten

Natürlich kann man auch als Erwachsener, so man sich eine nette Familie gegründet hat, im Grippefall die Tuchent wenden lassen, um Majorantee bitten und Essigpatschen und Wollschal anfordern. Aber einen zu finden, den man ganz ernsthaft wegen der Halsschmerzen anjammern kann, ist schon schwerer. Und an die Arbeit, die man gerade erledigen würde, wäre man gesund, lässt sich heiteren Herzens überhaupt nicht denken.

Vor allem aber kann sich der erwachsene Grippekranke nicht mehr als geliebter Mittelpunkt der Familie vorkommen. Und das ist es ja, was die Krankenstände der Kinderzeit so wunderschön gemacht hat. An manchen Tagen, zu manchen Stunden, geht es ganz satanisch mit mir zu, und zwar so: Ich sitze wo und nehme – zum Beispiel – die Zeitung zur Hand und schlage sie auf und merke, dass ich in ihr nicht lesen kann, weil meine Brille nicht in Reichweite ist.

Also stehe ich auf, klemme mir die Zeitung unter den Arm und mache mich auf Brillensuche.

Kreuz und quer durchs Haus suche ich, und während ich emsig suche – wie das zugeht, ist mir ein Rätsel! –, vergesse ich, wohinter ich denn überhaupt her bin.

Dann stehe ich still und sage mir: Nur keine Panik! Ich kehre zum Ausgangspunkt zurück und setze mich – und gleich fällt es mir wieder ein: Ach ja, die Brille war's!

So erhebe ich mich wieder und murmle: „Brille, Brille …“ und finde sie nun tatsächlich bald.

Aber nun ist die Zeitung weg! Die habe ich irgendwo, während der Brillensuche, abgelegt.

Also tue ich die Brille von der Nase, denn die taugt nur zum Lesen, aber nicht zum Auffinden von Gegenständen, die meinen Augen entfernter sind als sechzig Zentimeter, und das ist die Zeitung im Moment.

Ich mache mich auf Zeitungssuche und vergesse – suchend –, wonach ich suche, und erinnere mich und finde und habe die Zeitung und fahnde nach der Brille …

Manchmal spiele ich diese traurige Posse dreimal im Kreis mit mir durch.

Gedankenverloren, nennt das meine Mutter.

Das klingt ja gar nicht so übel! Ganz im Gegenteil. Nur Leute, die sich Gedanken machen, können so sehr in ihnen verloren gehen, dass sie auf ihre kleinen Alltagsbeschäftigungen total vergessen.

Der Jammer ist nur, dass ich überhaupt keine Ahnung habe, an welche schönen, hehren und hohen Gedanken ich mich verloren habe. Bloß leer, unheimlich leer, komme ich mir bei solchen Aktionen im Kopf vor.

„Weil du sonst so viel denkst“, sagt meine Mutter. „Das arme Hirn muss eben einmal abschalten!“

Mütter sind doch etwas sehr Nettes!

Mein guter Vater, lebte er noch, würde mir glatt grinsend und brutal sagen: „Gräm dich nicht, bis zur totalen Verkalkung dauert es noch Jahre!“

Mein Fortschritt als Kaffeesiederin

Als ich zum ersten Mal, unter Anleitung meiner Mutter, Kaffee kochte, ließ ich Wasser in einem Topf sieden, schüttete Kaffeemehl dazu, drehte, als das schwarze Zeug schäumend hochkroch, schnell das Gas ab und wartete, bis sich die wallende Sache ordentlich gesetzt hatte.

Ein paar Jahre später kaufte meine Mutter eine „Karlsbader". Da schäumte nichts mehr hoch, da brauchte sich nichts mehr „setzen", da musste man bloß schlückchenweise Wasser zugießen. „Ein echter Fortschritt", sprach meine Mutter. Allerdings dauerte das Zugießen seine Zeit.

So kauften wir ein paar Jahre später eine italienische Espressomaschine. Hei, ging das hurtig! Wasser einfüllen, Kaffee ins Sieb, zuschrauben, aufs Gas stellen, und schon brodelte oben schöner dicker Kaffee heraus. „Ein echter Fortschritt", sprach meine Mutter.

Aber viel Gerbsäure war halt in so einem Kaffee, und die tat dem Magen nicht gut. So kauften wir ein paar Jahre später einen Filter samt Tüten. Das war aber nun wirklich einfach und bekömmlich! Kaffee in die Tüte, anbrühen lassen, aufgießen, und schon rieselte Kaffee in die Kanne. Und als wir dann erst die Filtermaschine hatten, da mussten wir nicht einmal mehr brühen und aufgießen, da tröpfelte die Sache automatisch vor sich hin.

„Ein echter Fortschritt", sprach meine Mutter. Aber, ganz ehrlich, ein bissl dünn war der Filterkaffee schon, und herzkrank waren wir ja nicht! So kauften wir ein paar Jahre später eine richtige Espressomaschine wie im Kaffeehaus, nur kleiner. Anheizen, Kaffee ins Sieb, Sieb in den Siebhalter, Siebhalter in die Maschine, Hebel herunter, und schon blubberte fauchend tiefschwarze, schäumende Köstlichkeit in die Tasse. „Ein echter Fortschritt“, sprach meine Mutter.

Nur macht so eine Maschine halt viel Dreck. Kaffeemehl und Kaffeesud bröseln überall herum, und der Hahn tropft nach. Zum Reinigen der Maschine braucht man länger als zum Kaffeetrinken.

Darum kaufte ich mir jetzt ein kupfernes Gefäß mit Stiel und koche darin Wasser auf und schütte Kaffeemehl hinein und lasse aufschäumen und „setzen“. Türkischer ist nämlich köstlich und im Nu fertig; auch wenn er leider kein „echter Fortschritt“ ist.

Der aufdringliche Kerl von nebenan

Meine Tochter hat ein kombiniertes Weckuhr-Radio-Dings, das hat eine Taste obenauf, und wenn man sie drückt, posaunt eine männliche Computerstimme die Uhrzeit aus. Diese Computerstimme ertönt aber nicht nur auf Tastendruck, man kann sich auch von ihr wecken lassen.

Und wer ein zögerlicher Aufsteher ist, kann die Stimme dazu verhalten, in Abständen von zehn Minuten neuerlich Meldung zu machen.

Die junge Generation erfreut sich an solchen Geräten. Kommt jugendlicher Besuch, spielt er gern mit dem sprechenden Radiowecker herum und probiert alle Möglichkeiten aus, die das Ding in sich birgt, und ich fahre hinterher und nächtlich aus dem Schlafe hoch, weil im Nebenzimmer eine monotone Stimme verkündet, es sei gerade zwo Uhr siebenundvierzig.

Mein altmodisches Herz steht dann so still, als wären nebenan Einbrecher mit Mordabsichten! Dann fällt mir ein: War ja bloß der irre Wecker! Ich schlummere wieder ein und schlafe, bis der Kerl verkündet, nun sei es schon zwo Uhr siebenundfünfzig!

Fluchend tappe ich ins Nebenzimmer, knipse das Licht an und nehme den Störenfried zur Hand. Rot blinkt er mir „2,58“ zu. Ich drehe ihn, wende ihn, drücke probeweise etliche Tasten, drehe an etlichen Knöpfen, mein schlaftrunken Hirn sinnt, wo die Bedienungsanleitung für das irre Ding stecken könnte, aber ein schlaftrunken Hirn schafft so eine Überlegung natürlich nicht.

Die Zeit vergeht, drei Uhr und neun Minuten ist es bereits. Aha, denke ich, da muss ich zufällig doch die rechte Taste gedrückt haben, sonst hätte der Kerl ja „drei Uhr sieben Minuten" gesagt! Zufrieden tappe ich ins Bett zurück, aber kaum habe ich mich zurechtgelegt, ertönt nebenan Popmusik. Mit Ö3 soll ich den jungen Tag beginnen!

Ich ziehe die Decke über den Kopf, aber die Daunen sind nicht schalldicht. Endlich fällt mir ein: Das verflixte Ding hängt ja an einem Kabel! Ich springe auf, rase ins Nebenzimmer, rufe „Jetzt hab' ich dich!" und kopple den Kerl von der Stromzufuhr ab.

Ab nächstem Jahr, habe ich gelesen, wird es auch Waschmaschinen, Geschirrspüler und Tiefkühltruhen geben, die sprechen können. Mir, beim „Sprechenden Radiowecker" beeide ich es, werden solche Dinger nie ins Haus kommen!

Taschenumwidmung

Es gibt Familien, in denen strikte Gütertrennung herrscht. Jeder Gegenstand, der sich in der Wohnung befindet, gehört einem Familienmitglied, und jedes Familienmitglied verteidigt sein Hab und Gut gegen Benutzung durch andere.

Und da in Familien meistens Fraktionen gebildet werden, bekommt jeder Besitzverteidiger noch Unterstützung von einem Fraktionsmitglied. Da heißt es dann: „Michi, setz dich nicht in Vatis Sessel!" Und: „Mama, die Susi will dein Briefpapier nehmen!"

Familien dieser Art sind jedoch eher selten. Die Normalfamilie besitzt Sessel und Briefpapier und Bürsten und Scheren, Maßbänder, Regenschirme und Einkaufsbeutel, ohne sich darüber klar zu sein, welches Familienmitglied den Besitzanspruch auf diese Dinge hat.

Dass Parfums, Deos, Kleingeld, Briefmarken, Socken, Slips und Kugelschreiber in Normalfamilien ebenfalls ohne spezielle Nachfrage bei dem, der diese Sachen erstanden hat, benutzt werden, ist üblich.

Aber auch in Familien mit Gemeinschaftssinn, Konsumgüter betreffend, hat jedes Mitglied ein paar Dinge, die es für sich behalten möchte.

Gelassen schaut der Vater seit Jahren zu, wie seine Söhne und Töchter in seinen neuen und alten Hemden herumgehen, seine Krawatten um Hals, Taille oder Stirn binden und sich in seine Taschentücher schnäuzen. Und plötzlich dreht der „Alte“ durch, weil eines seiner Kinder in seinem Bademantel beim Frühstück sitzt!

„Anal fixierter Geizhals“, murmelt das Kind, zieht den Bademantel aus, überreicht ihn dem Vater und will noch ein paar sarkastische, psychologisch gefärbte Bemerkungen anbringen, doch die bleiben ihm im Halse stecken, denn entsetzten Auges gewahrt es, dass sich eines seiner Geschwister mit seinem Lieblings-T-Shirt bekleidet hat.

„Zieh mein Leiberl aus, aber sofort!“ brüllt das Kind, und wenn es dafür nicht schon zu groß wäre, würde es heulen vor Wut, weil sich der Leiberlräuber bloß an die Stirn tippt und hurtig die Wohnung verlässt.

Am ärgsten aber sind die Umwidmungen, die Familienmitglieder vornehmen.

„Wo ist meine schwarze Tasche? Wer hat meine schwarze Tasche gesehen?“, klagt die Tochter.

Nur sehr abgeklärte Mütter helfen der Tochter dann die schwarze Tasche suchen, ohne anzumerken, dass die schwarze Tasche eigentlich und in Wirklichkeit der Mutter Tasche ist.

Bügel-Gedanken

In einem Fernseh-Interview mit Patricia Highsmith hörte ich die berühmte Schriftstellerin sagen, dass sie die Tätigkeit des Bügelns mit großem Genusse ausübe, weil sie bei dieser stur gleitenden Beschäftigung schöne und für ihr literarisches Schaffen brauchbare Gedanken fassen könne.

Potzeiderdaus!

Da kam ich mir wieder einmal kleinkariert wie ein Pepitakittel und schäbig wie ein Secondhand-Trenchcoat vor! Da sieht man eben, wie sich wirklich große Literaten von einer Person wie mir, die ihre kleine Schriftstellerei mühselig vor sich hinkurbelt, unterscheiden.

Mache ich mich ans Bügeln, betrachte ich zuerst einmal grämig den überquellenden Wäschekorb und fluche in mich hinein. Nichts literarisch Verwertbares fluche ich, sondern in etwa: „Diese irren Weiber! Müssen sie sich denn dreimal am Tag umziehen? Man könnt' ja meinen, das wär' die Wäscherei von einem Mädchenpensionat!"

Dann konzentrieren sich meine Gedanken ganz auf Frottee! Listig hole ich Handtücher, Waschlappen und Badetücher aus dem Wäscheberg. Diese Dinger zu bügeln, baut mich auf. Das macht nicht viel Mühe, und der Wäscheberg schrumpft rapide, und die Stöße auf dem Tisch gewinnen an Reputation!

Hierauf ziehe ich Socken aus dem Wäschehaufen. Und wieder sind meine Gedanken nur auf Socken gerichtet; Hochstimmung überflutet mich, wenn ich zu jedem Socken einen Partner finde.

Getrübt wird das Erfolgserlebnis allerdings dadurch, dass etliche Sockensohlen unschön verfärbt schillern. Grün die roten, rot die grünen, gelb die weißen. Worauf ich mir Gedanken über die Farbechtheit von Schuhleder mache und herausfinde, dass die Höhe des Schuhpreises auf diese keineswegs einen Einfluss haben kann.

Beim Bettwäschebügeln dann denke ich an meine Großmutter und ihren Wäschekasten mit den wunderschönen, gleichmäßigen, noch durch Bänder verzierten Wäschestapeln. „Sorry, Oma“, murmle ich schuldbewusst, falte die Leintücher, lasse das Eisen übers Achtfachlinnen gleiten und erzeuge einen Stapel Leintücher, dem meine Oma den Aufenthalt in ihrem Kasten entschieden verwehrt hätte.

Die Herrenhemden hebe ich mir bis ganz zum Schluss auf. Zu denen brauche ich am längsten. Vielleicht sollte ich an ihnen das Fassen von schönen literarischen Gedanken erlernen. Zutrauen würde ich mir das schon!

Aber ob mein Mann bereit ist, querplissierte Hemdbrüste anzunehmen?

Wohlstand mit Zwangscharakter

Die Familie isst. Es gibt Kalbsschnitzel in italienischer Sauce mit Nudeln. Und Parmesan zum Drüberstreuen. Und grünen Salat. Man mampft vor sich hin, die Mutter schaut in die Runde. „Schmeckt's?", fragt sie. (Sie fände es passend, ein gutes Essen mit guten Worten zu beloben.)

„Hmpf", murmelt der Papa und stopft Nudeln unter den Schnurrbart. „Hmpf", murmeln die Kinder und säbeln am Fleisch.

„Wie ich ein Kind war", sagt die Mutter, „haben wir einmal die Woche Nudeln gehabt. Nudeln mit geriebenem Käs' drüber. Und sonst nichts dazu!"

Die Familienmitglieder nicken wohlwollend.

„Und wie ich den Papa geheiratet hab'", fährt die Mutter fort, „haben wir einmal die Woche Nudeln mit italienischer Sauce und Käs' drüber gekocht!"

Die Familienmitglieder nicken wieder wohlwollend.

„Und jetzt", sagt die Mutter klagend, „haben wir Nudeln und Käs' und Sauce und Kalbfleisch, alles auf einmal, und ihr würdigt es überhaupt nicht!"

Der Vater sagt: „Die Sugo-Nudeln damals, die waren mein Lieblingsessen!"

Das eine Kind sagt: „Nudeln mit Käs' sind spitze! Die hab' ich bei der Oma gegessen!" Das andere Kind sagt: „Und Nudeln mit Mohn und Apfelkompott erst!"

„Oder Erdäpfel mit Butter!“ Der Vater bekommt träumerische Augen.

„Aber am ganz besten ist der Nowak ihre Suppe!“, ruft das eine Kind, und das andere erklärt: „Sie kocht Wasser mit Kümmel und schüttet das in eine Einbrenn mit Knoblauch! Schmatzofack ist das!“

Die Mutter ringt nach Fassung, sammelt die Teller ein und putzt das, was auf den Tellern verblieben ist, in die Salatschüssel zum restlichen Salat. Der Gedanke, ein Hausschwein zu halten, liegt ihr nur aus Gründen der Wohnsituation fern.

„Na bitte!“, sagt die Mutter, „gibt's eben ab heute nur mehr Einbrennsuppe und Erdäpfel und Nudeln!“ Sie schreitet mit dem Tellerstapel zur Küche; vom Scheitel bis zur Patschensohle ganz Königin auf dem Weg ins Exil. Bei der Küchentür dreht sie sich um. „Erspar' ich mir pro Jahr einen Nerz!“, ruft sie. Es klingt wie eine Drohung.

PS: In obig – als Beispiel – zitierter Familie findet so ein Gespräch jährlich einmal statt. Am Tage danach gibt es dann Einbrennsuppe. Und am nächsten Tag ist alles wieder beim Alten und kein Nerz in Sicht.

Wohlstand kann nämlich Zwangscharakter annehmen.

Wenn eine Kredenz die Farbe wechselt

Manchmal wird man vom bösen Schwein geritten. Wider die glasklare Vernunft tut man etwas, wofür man sich hinterher verflucht. An meiner Kredenz wurde mir das zur Gewissheit.

Vor Jahren habe ich sie beim Tandler für fünfzig Schilling erstanden. Sie war allerliebst altmodisch und aller-scheußlichst hundsbraun. Also nahm ich roten Lack und färbte sie. Dann las ich, dass allzu viel Rot aggressiv macht. Da meine Aggressionen, wenn ich damals in der Küche werkte, keine geringen waren, nahm ich hoffnungsfroh blaue Farbe und strich damit das liebe Kredenzerl.

Dann verging etliche Zeit, in der mir klar wurde, dass die sanfte, blaue Kredenz mit den grünen Sesseln nicht harmonierte. Eine dicke Schicht Irisch-Moos matt brachte die Kredenz in Einklang mit den Sesseln.

Vor ein paar Wochen nun sah ich in einem noblen Stadtgeschäft eine Kredenz, meiner aufs Haar gleich, bloß ganz ohne Lack, edel natur, und zu einem Preis, der mir das Blut in den Adern stocken ließ. Da fing mich das böse Schwein zu reiten an! Und gab keinen Frieden, bis ich zwei Dosen Abbeizmittel kaufte.

Nach den ersten zwei Abbeizvorgängen war die Kredenz wieder blau, nach dem vierten Abschaben war sie rot, und nach dem siebenten Kratzen war sie in dem Zustand, in dem ich sie erstanden hatte. Aber dies war nicht ihr Urzustand. Vor mir hatte sie auch einem üppigen Streicher gehört, nur war der auf alle Töne des Erdigen versessen gewesen.

Die Mengen von braunem Gatsch, die ich nun im Laufe vieler Tage und Nächte mit Hilfe von Spachteln, Messern, Glasscherben und Rasierklingen von der Kredenz schabte, sind auch annähernd nicht zu schildern. Und was ich hinterher mit Sandpapier aller Körnungen, Lauge und Bimsstein vollbrachte, soll unerwähnt bleiben.

Nun hocke ich mit roten, brennenden Augen da. Und meine Hände schauen aus, als hätte ich Handschuhe aus Eidechsenleder an. Anscheinend bin ich gegen Abbeizmittel oder Sandpapier oder Lackstaub allergisch. Doch die Kredenz ist jetzt echt antiknatur, und ich könnte mich herrlich an ihr ergötzen, wenn da nicht das untere, linke Türl wäre!

Das hat, wie bei alten Türln üblich, eine Füllung. Aber die ist leider nicht alt, die ist aus Faserplatte-Marmordekor. Nur, wer kann schon unter acht Lagen Lack solche Gemeinheiten erahnen?

PS: Und jetzt greint auch noch einer aus dem Badezimmer! Wer den schönen Bimsstein so versaut hat, will der wissen. Als Hausfrau hat man wirklich keinen Dank!

Macht am Drücker

Woran erkennt man, wer in einer Familie die mächtigste Person ist? „Das ist die Person", sagte mir ein kleiner Knirps, „die bestimmt, wohin die Familie auf Urlaub fährt!"

„Das ist die Person", sagte mir ein etwas älterer Knabe, „wegen der es zweimal die Woche Blunzen gibt; obwohl sonst niemand in der Familie Blunzen mag!"

Ein halbwüchsiges Fräulein meinte: „Das ist eindeutig die Person, die schreit: ‚Solange du deine Beine unter meinen Tisch streckst, wird getan, was ich will!'"

„Das ist der", sagte mir eine bleiche Hausfrau, „der das Haushaltsbuch kontrolliert!"

„Das ist die Person", erklärte mir ein älterer Herr, „die ein Familienmitglied tagelang mit Verachtung straft, weil es später als angekündigt heimgekommen ist!"

Als weitere Machtpersonen wurden mir genannt: Die, die die Höhe des Taschengeldes bestimmt. Die, die andere – auch am Sonntag – ungestraft aufwecken darf. Die, die den Autoschlüssel hat. Und die, die sich erfolgreich weigert, den Besuch bei Tante Emma mitzumachen.

Lauter recht subjektive Meinungen über Macht in der Familie habe ich zu hören bekommen. Keine stimmte mit meiner eigenen, auch recht subjektiven Meinung in dieser Sache überein.

Als mächtigste Person in der Familie verstehe ich die, der es gelingt, ihre Wünsche am häufigsten und heftigsten durchzusetzen. Der erfahrene Familienbeobachter erkennt so eine Person an vielen Details quer durch den Familienalltag.

Am Abend jedoch wird diese Person sogar dem deutlich erkennbar, der von Familien-Machtstrukturen keine Ahnung hat. Am Abend nämlich ergreift diese Person die Fernsehapparat-Fernbedienung und lässt sich in einem bequemen Stuhl nieder.

Und dann schaut die Person fern. Ganz nach Lust und Laune und quer durch alle verkabelten Kanäle. Wenn das Geflüster der anderen im Raume hockenden Familienmitglieder lauter wird, drückt sie ein Fernbedienungsknöpfchen, und der Fernsehapparat wird auch lauter.

Dann kann es geschehen, dass ein Familienmitglied nach dem anderen aus dem Zimmer geht, je nach Temperament wütend oder bloß vergrämt.

Und dann kann es noch geschehen, dass sich die Person mit der Fernbedienung in den Händen umschaut, den leeren Raum sieht und seufzt: „Immer ist man allein! Keinen Familiensinn haben sie!“ Sehr arm kommt sich die Person dann vor.

Aber die mächtigste Person in der Familie ist sie – meiner Ansicht nach – trotzdem!

Ohne grüne Katze keine Farbharmonie

Ich blättere gern in Journalen, die sich mit erlesener Innenarchitektur befassen. Klappe ich sie dann zu, schaue ich mich in meiner Behausung um und bin unheimlich unzufrieden mit dem, was ich da sehe.

Meine Einrichtung hat keinen „Pfiff", mein Mobiliar hat keinen „Stil", nicht einmal meine „ganz persönliche Note" kommt durch mein Inventar zum Ausdruck.

Am Geld allein kann das nicht liegen. Die Mitarbeiter der Wohnzeitschriften beweisen mir mit Preisangaben, dass man sich auch „mit schmaler Börse" sehr originell, praktisch und preiswert einrichten kann. Etliche Möbelstücke, die bei mir ungeliebt herumstehen, haben mehr gekostet, als die Wohnredakteure in zwei urgemütlich ausstaffierte Zimmer investieren.

Hin und wieder entdecke ich in so einer Zeitschrift sogar ein Möbelstück, das ich selbst besitze, und merke vergrämt, dass es bei mir zu Hause bei Weitem nicht so prächtig wirkt wie auf dem Journalfoto.

Schön langsam komme ich auch dahinter, warum das so ist. Mir geht der richtige Farbensinn ab. Ich wohne nicht farbharmonisch durchgestylt! Ich kapiere das „Ton-in-Ton-Wohnen" nicht.

Dabei exerzieren es mir die einschlägigen Magazine doch immer wieder vor: Entschließt man sich, einen Raum in Grün zu halten, muss man dabei bleiben! Ist die Couch grün, haben die

Kissen auf ihr in Grüntönen zu schillern, und die Vorhänge müssen grüngemustert sein. Und ein grünes Bild muss an die Wand. Und eine grüne Decke über den Tisch! Bis zu diesem Punkt bin ich ja fähig, den guten Vorschlägen nachzueifern. Doch dann versaue ich mir die grüne Pracht, weil ich, total geschmacklos, rote Äpfel und gelbe Bananen in einer blauen Schüssel auf den grünen Tisch stelle und meine graue Strickerei auf der grünen Couch deponiere und rosa Tulpen in einer lila Vase arrangiere.

Nicht einmal meine Katzen färbe ich grün ein! So kann natürlich keine Farbharmonie zwischen meinen vier Wänden entstehen! Aber selbst mit resedagrünen Katzen, Granny-Smith-Äpfeln, Anjou-Birnen, lodengrüner Strickerei und Artischocken in der Vase wäre das Problem nicht gelöst, denn ich habe vierzig Laufmeter Bücher an einer Wand des „grünen Zimmers“. Und diese Bücher haben Rücken in allen Regenbogenfarben.

Ich möchte wirklich wissen, wie es die Wohnredakteure schaffen, eine Wand voll Literatur – wenn auch nur fürs Foto – in total Grün aufzutreiben. Lesen, allerdings, möchte ich diese Bibliothek nicht.

Kochbücher

Ich mag Kochbücher und Zeitschriften, deren Anliegen das Essen ist, weil sie hübsch bunt und appetitanregend sind oder edel nostalgisch und voll kulinarischer Poesie. Was die Praxis des Kochens betrifft, misstraue ich ihnen jedoch, da ich leidvolle Erfahrungen habe.

Kochbuch 1 teilt mir mit, ich möge der Roulade, damit sie besonders duftig werde, 50% Mehl und 50% Stärkemehl zusetzen.

Kochbuch 2 jedoch warnt vor Stärkemehl in Rouladen; es mache das Biskuit spröde und schwer rollbar. Kochbuch 3 hingegen schert sich überhaupt nicht um Mehlsorten. Dieses Fachwerk ließe es sogar zu, dass ich aus doppelt griffigem Mehl Strudelteig ziehe.

Oft divergieren die Mengenangaben von Kochbuch zu Kochbuch dermaßen, dass man an Druckfehler denken könnte. Für Krapfen – immer auf der Basis 500 g Mehl, 6 Dotter – könnte ich, meinen diversen Kochbüchern nach, 1/8, 1/4 oder 3/8 l Milch verwenden. Auch ob man Backpulver oder keines in die Tortenmasse tut, scheint von der Weltanschauung der Kochbuchköche abzuhängen.

Und Mengenangaben wie: 8 große Kartoffeln und 1 Tomate sind absolut hinterfotzig! In Griechenland sah ich Erdäpfel so groß wie 10-dag-Wollknäuel. Meint der Kochbuchkoch solche, wenn er „groß" schreibt? Oder war er noch nie auf dem Athener Markt?

Genauso geht's bei den Paradeisern zu. Drei holländische Fleischtomaten wiegen so viel wie zwanzig Stück bulgarischer Glashausimport. Lieb sind auch die modischen Rezepte, die ganz selbstverständlich 7 frische Salbeiblätter, ein Ästlein frischer Minze und eine Handvoll Brunnenkresse – aber wirklich nur echte! – verlangen. Da hätte man vor einem halben Jahr am Fensterbrett vorsorgen müssen! Und wer – außer einem Kochbuchkoch – schafft es, 4 kg Schweinsripperln in einer Mixtur aus 2 Teelöffel Kräutern, 6 Eßlöffel Ketchup und einem Achtelliter Wein untergehen zu lassen. „Darauf achten, dass das Fleisch völlig bedeckt ist!", fordert mein Grillbuch. Von allen Keksteigen, die ich genau nach Rezept knetete und die mir dann als gatschiger Matschklumpen auf dem Nudelwalker klebten, will ich lieber schweigen, sonst müsste ich auch von mittleren Tobsuchtsanfällen berichten.

Voranstehendes notierte ich vor allem für junge, unerfahrene Haushalter, auf dass sie sich nicht mehr schuldhaft an die Brust schlagen und sagen: „Zum Kochen habe ich kein Talent!"

Kochen ist, wie vieles, eine Sache von „Versuch und Irrtum". Und der Irrtum liegt meistens bei den Kochbuchköchen und nicht bei den armen Leuten, die peinlich genau hinter ihnen herwerken.

Verschwunden auf Nimmerwiedersehen

Gar manch Ding, das sich schon lange in unserem Besitz befand, ist mit einem Mal weg! Es ist nicht verlegt und nicht verschlampt, es ist verschwunden! Man kann mit vereinten Familienkräften das ganze Haus auf den Kopf stellen, es taucht nicht wieder auf. Seit wann dieses Ding nicht mehr vorhanden ist, kann man dann meistens nicht angeben, man kann bloß behaupten.

„Damals, wie ich das getupfte Einlegepapier in die Lade getan habe, da war es noch in der Lade! Garantiert!" Und die, die mit uns leben und uns beim Suchen geholfen haben, erklären, die verschwundene Sache auch erst „unlängst" gesichtet zu haben.

Bis auf so unhandliche Stücke wie Einbaukästen, Doppelbetten, Tiefkühltruhen und Barocktische kann so ziemlich alles, was der Mensch besitzt, eines Tages unwiederbringlich verschwunden sein.

Dass dem so ist, liegt oft an den lieben Familienmitgliedern und nicht bei uns selbst. Manchmal weiß nämlich einer aus diesem Personenkreis ganz genau, wieso das gesuchte Stück nicht mehr da ist. Doch welche Tochter sagt – zum Beispiel – der Mutter schon gern, dass sie die rote Reisetasche vorigen Sommer – ohne zu fragen – der Freundin geborgt hat, und die Freundin hat die Tasche ihrem Freund geborgt, und mit dem ist sie jetzt spinnefeind und kann das rote Ding auf keinen Fall zurückholen.

Aber auch die von Schuld freien Familienmitglieder hetzen uns auf die falsche Fährte. „Vor zwei Wochen", beteuert der Ehemann, „war die rote Tasche noch unten im Vorzimmerkasten! Ganz genau weiß ich das!"

In Wirklichkeit hat der kurzsichtige Mensch einen roten Anorak gesehen, der vom Bügel gefallen war.

Wenn Dinge aus unserem Besitz verschwinden, sollte man sich immer vorsagen, dass unsere Wahrnehmungen mangelhaft und unsere Kombinationen fehlerhaft sein können. Sonst kommt es noch so weit, dass wir – zum Beispiel – unsere arme Bedienerin des Taschendiebstahls verdächtigen, weil die doch vorgestern den Schrank aufgeräumt hat!

Von der „Auf-und-davon-Stimmung"

Wer über Jahrzehnte hin einen Haushalt betreibt, den überkommt schon manchmal der Drang, alles „liegen und stehen" zu lassen und sich „auf und davon" zu machen.

Ein zum liebevoll bereiteten Nachtmahl nicht heimkommender Gemahl kann Anlass zu diesem Drang sein. Auch eine muntere Kinderschar, die Kleisterpapier erzeugt und in diese Tätigkeit die Polstergarnitur integriert, verhilft einem zu diesem egoistischen Streben.

Manchmal sind es auch nur Kleinigkeiten, die in die „Auf-und-davon-Stimmung" versetzen. Der Anblick eines von drei sorglosen Personen benutzten Bades, zum Beispiel.

Hausfrauen, die sich gerade in einem seelischen Tief befinden, neigen nach diesem Anblick dazu, die Kleininserate ihrer Zeitung nach freien Garçonnièren zu durchsuchen, anstatt verknautschte Cremetuben geradezudrücken, feuchte Handtücher aufzuheben und munter singend den Schmutzrand von der Wanne zu entfernen.

Bei mir tritt der Drang, den Haushalt auf- und abzugeben, immer dann besonders stark auf, wenn Handwerker im Haus sind. Und unter diesen sind es die Maurer, die mich eher zum Flüchten als zum Standhalten bringen.

Damit sei nichts gegen Maurer gesagt, die eine ehrsame Berufsgruppe sind. Ich fürchte auch nicht den Schutt und Staub und die Mörtelspritzer, die sie nach getaner Arbeit auf Wänden und Böden hinterlassen.

Getrost wasche ich einen Fußboden siebenmal und weiß, dass er bloß in nassem Zustand sauber glänzt, um gleich wieder trübgrau aufzutrocknen. Nach der zwölften Waschung, sage ich mir, wird er schon wieder!

Was mich verzweifelt macht, ist die Sachlage, dass der Haushalt, auch während die Maurer mauern, weiterbetrieben werden muss.

Und in welcher der auf dem Gang abgestellten Kisten mit vermischter Haushaltsware sind nun die Kaffeefilter? Und in welchem plastikumwickelten Kasten ist die Hose, nach der die Tochter schreit? Und wo sind die Deckel verborgen, auf dass ich das brodelnde Süppchen vor spritzendem Mörtel schützen kann? Und warum eigentlich bin ich das einzige Familienmitglied, das darauf Antwort wissen soll?

Die Antwort ist die: Ein partnerschaftlicher Haushalt ist anscheinend nur eine Sache für sonnige Durchschnittstage. In herben Zeiten des Maurerbefalls aber legen sämtliche Familienmitglieder ihre mühsam erworbenen Pflichten eiligst wieder zurück und geben sie an die „Hausfrau und Mutter“ ab. Und das finde ich so unfair!

Hilfe, liebe Gäste!

Es ist wirklich lobenswert, wenn Menschen, die bei uns für längere Zeit zu Gast sind, die Hände nicht nur andächtig in den Schoß legen, sondern auch ein wenig „zupacken“.

Gepriesen seien die Gäste, die jeden Morgen ihr Leintuch frisch spannen, ihre Bartstoppeln aus unserem Waschbecken spülen und – so sie Durst überkommt – diesen in Eigeninitiative stillen können.

Tiefere Eingriffe in den gastlichen Haushalt sind allerdings problematisch.

Drei hilfreiche Gastdamen etwa, die einem partout in der engen Küche beim Nachtmahl-Kochen helfen wollen, können eine wahre Plage sein, wenn Dame eins, statt die Erdäpfel zu schälen, alle unsere Küchenladen nach einem Kartoffelschäler absucht, Dame zwei ständig gerade an der Schranktür lehnt, hinter der ein von uns dringlich benötigter Gegenstand lagert, und Dame drei nach dem Motto „Flaxen sind das Beste am Gulasch“ über den Wadschinken herfällt und ihn zu Brocken zersäbelt, die weder unser Mann noch unser Nachwuchs schlucken werden.

Auch der liebe Freund, der uns befiehlt, „schön brav faul“ sitzen zu bleiben, und sich ans Kaffeekochen macht und uns dann alle zehn Sekunden hochjagt, weil er den Kaffee, den Zucker, die Milch, die Löfferln und den Wasserkessel nicht finden kann, macht uns eher nervös als locker und entspannt.

Besonders zu fürchten sind die ganz selbstbewussten Gäste, die sich an Arbeiten machen, ohne den Gastgeber vorher über ihre edlen Absichten zu informieren. Arglos lässt man diese Leute – zum Beispiel – den Garten betreten, meinend, sie werden dort in der Sonne dösen oder schönen Gedanken nachhängen.

Verschwitzt und stolz kommen diese Leute Stunden später ins Haus zurück und wollen gelobt werden. Sie haben alles Unkraut aus unseren Gemüsebeeten gezupft! Zwischen den Salathäupteln und den Spinatreihen, sagen sie, hat das Zeug ja nur so gewuchert!

Da schluckt der Gastgeber dann und dankt matt und beherrscht. Dass das „Unkraut“ seine rege keimenden Winterrettiche und seine sorgfältig gehegte Sommerkohlsaat waren, verschweigt er.

Es ist schon arg genug, keine Rettiche und keinen Kohl mehr zu haben. Ein Gast, der andauernd und klagend nachfragt, wie er denn „den Schaden bloß wieder beheben könne“, würde noch weit schlimmer sein.

5. Aktion Streicheleinheiten

Störung der Harmonie

In vielen Ehen herrscht erfreulicherweise fast rund um die Uhr der Zustand totaler Harmonie. Das einschränkende „fast“ hat der Realist beizufügen, weil es ja auch das Fernsehen gibt und Fernsehgewohnheiten zweier Lebenspartner, auch wenn sie ansonsten harmonisieren, sehr unterschiedlich sein können.

Das betrifft nicht bloß so Zwiste wie Fußball oder Liebesdrama, Krimi oder Talk-Show! Da kann man sich ja noch irgendwie einigen, nach dem Motto: einmal nach meinem Geschmack, einmal nach deinem! Oder auch: sechsmal nach deinem, wenn wir dafür am siebenten Tag ins Kino gehen!

Gröbere Schwierigkeiten entstehen durch die unterschiedliche Handhabung der Fernbedienung. Es gibt Leute, die wollen fernschauen, als säßen sie im Kino, und sitzt man im Admiral-Kino, kann man nicht elf Minuten nach Beginn des Filmes sagen: „Ich schau nur auf einen Sprung ins Elite-Kino rüber, was dort grad los ist!“

Doch beim Fernsehen ist per Knopfdruck zu schauen, was auf einem anderen Kanal „los ist“. Nicht nur auf einem, auf deren 26, so man wohlverkabelt ist. Abgesehen von der Minderheit derer, die stets „zappend“ verfolgen, was sich gerade auf anderen Kanälen tut, ist auch Leuten, die üblicherweise „wie im Kino“ TV konsumieren, manchmal nach „Herumschalten und Suchen“ zumute. Und hat man selbst die Fernbedienung in der Hand, findet man gar nichts dabei. Aber neben einem Menschen zu sitzen, der sich durch 26 Programme rauf und runter „zappt“, da ein wenig länger, dort ein wenig kürzer verweilt, strapaziert die Nerven!

Darum kommt es auch in allerharmonischsten Partnerschaften vor, dass der eine Partner hocherfreut ist, wenn der andere am Abend außerhäuslichem Vergnügen nachgeht: Denn dann darf er sich endlich, ohne schlechtes Gewissen, einen superben Cocktail aus 10 Minuten Western, 13 Minuten Sitten-Drama, zweimal 4 Minuten Show, siebenmal 8 Minuten Gorilla-Leben und zwischendurch je 20 Sekunden Freistilringen mixen. Oder er kann „Die Fischerin vom Bodensee“ in voller Länge genießen, ohne dauernd Happen aus den Ansichten von dreimal vier Talk-Show-Teilnehmern eingeschoben zu bekommen.

Zwei Fernsehapparate wären freilich auch eine Möglichkeit, aber irgendwie, und abgesehen vom Geld, wie stünde man da? Als unheilbarer Fernsehtrottel, einem Medium ausgeliefert!

Und das will man sich ja doch nicht nachsagen lassen!

Woran sich keine Frau gewöhnen kann

An viele Unannehmlichkeiten und Ungeheuerlichkeiten im Leben kann man sich gewöhnen, werden sie einem mit schöner Regelmäßigkeit vorgesetzt. Man kann sich schließlich nicht ein halbes Jahrhundert mit dem gleichen Elan darüber erregen, dass der Ehemann hinter allen Damen mit Oberüberweite herjappelt.

Wenn man deswegen nicht schon im siebenten Ehejahr die Scheidung verlangt hat, kann es sein, dass man am Tag der Goldhochzeit Mitgefühl spürt, weil der Mann bei den Überoberweiten nicht mehr hoch im Kurs steht.

Ich kenne auch eine Frau, die gelassen hinnimmt, dass der Mann jährlich ein Auto zu Schrott fährt. Sie fragt dann bloß: „Verletzte?" Und wenn dies nicht der Fall war, seufzt sie erleichtert und klebt weiter Borten an Lampenschirme. In Heimarbeit. Jährlich ein neuer Wagen muss schließlich verdient werden!

Ich weiß auch von einer Dame, die nach zehn Ehejahren die geldverschlingende Spielleidenschaft ihres Mannes als Krankheit wie jede andere sieht und ihm Essigpatschen macht, wenn er nach verlustreichen Nächten vor sich hinsiecht.

Abgestumpft, gutmütig, verständig, könnte man da sagen. Aber die ganze Erklärung kann das nicht sein, denn die beschriebenen Damen haben auch ein paar Dinge, auf die sie im Laufe der Jahrzehnte mit immer heftigeren Aggressionen reagieren. Meistens sind das dann – für Außenstehende – Kleinigkeiten.

Die Frau mit dem Geldverspieler kriegt Wutanfälle wie Rumpelstilzchen, wenn ihr Mann das nasse Badetuch vor der Badewanne liegen lässt.

Und die Frau vom Schrottfahrer muss den Raum verlassen, wenn sich ihr Mann schnäuzt. „Er schnäuzt so widerlich“, sagt sie. „Ich könnte ihn umbringen!“

Eine Untugend der Mitmenschen gibt es aber, an die sich keine Frau gewöhnen kann. Ich zumindest habe noch keine Frau erlebt, die „geduldig warten“ gelernt hat.

Auch dann nicht, wenn sie vier Kinder großgezogen hat, die nie zum vereinbarten Termin nach Hause gekommen sind. Auch dann nicht, wenn sie mit einem Mann lebt, für den sie seit Jahrzehnten das Nachtmahl über Dunst warm halten muss.

Mild abgeklärt zu Hause hocken, in der Überzeugung, dass es egal ist, ob sich die fix vereinbarte Heimkehr der Lieben um Stunden verzögert, kann keine Frau. Ich auch nicht. Ich erlebte mich noch nie hilflos wütender als in der Situation einer gramvoll Wartenden. Warum das so ist, weiß ich nicht.

Ich weiß nur eines: Wäre ich beim Warten nicht mehr wütend, wäre das ein grobes Indiz für einsetzenden Mangel an Zuneigung.

Herr M., das Mirakel

Herr M., den ich seit Jahren kenne, erschien mir lange Zeit als ziemlich durchschnittlicher, nicht weiter bedenkenswerter Mann. Dann lernte ich allerdings seine Familie und außerdem noch etliche seiner Arbeitskollegen kennen. Seither ist mir Herr M. ein Mirakel.

Die Aussagen nämlich, die seine Familienangehörigen über ihn machen, und die Aussagen, die seine Arbeitskollegen über ihn machen, sind arg verschieden.

Der Chef sagt von Herrn M.: „Er ist pünktlich und zuverlässig. Nach M. kann man die Uhr stellen. In fünfzehn Jahren hat er noch keinen Termin vergessen, ist er noch nie zu spät gekommen!“ Frau M. sagt von Herrn M.: „Echt rasend an ihm macht mich seine Unpünktlichkeit! Viermal in der Woche warte ich mit dem Nachtmahl und er kommt und kommt nicht! Und wahnsinnig vergesslich ist er auch! Wenn ich ihm am Morgen sage, dass wir am Abend Besuch bekommen, hat er es zu Mittag schon wieder vergessen!“ Der Herr, der mit Herrn M. ein Bürozimmer teilt, sagt von ihm: „Der M. ist ein wahrer Segen. Immer hat er ein Scherzchen parat! Nie ist er grantig! Ach, was haben wir zwei schon miteinander gelacht!“ Herrn M.s Familie ist sich einig: „Er muffelt vor sich hin! Wenn er zu Hause ist, liest er die Zeitung, oder er schaut fern. Und oft ist er so grantig, dass man gar nicht wagt, ihn anzureden!“

Die Dame, die im Zimmer neben Herrn M. arbeitet, lobt an ihm vor allem sein sensibles Einfühlungsvermögen.

Herr M. berät sie in der Mittagspause bei ihren privaten Problemen, weiß ihr Trost und Rat in Erziehungsangelegenheiten, Ehekonflikten und Geldnöten.

Frau M. sagt, dass sie mit ihrem Mann weder die Kindererziehung noch sonstige Familienprobleme besprechen kann. „Entweder hört er mir gar nicht zu", sagt sie, „oder er bittet mich, ihn mit solchen Dingen zu verschonen!"

Wie ist Herr M. nun wirklich? Liebenswert oder muffelig? Einfühlsam-sensibel oder stur-borniert? Zuverlässig oder vergesslich?

Gespalten ist Herr M. Angeblich sind das viele Menschen. Wenn ich es näher bedenke, fallen mir etliche M.s ein. Und sie alle verausgaben ihr Positives im Büro. Ihre Familie hat sich mit dem negativen Rest zu begnügen.

Die Diktatur der Morgenmenschen

Dass es Morgenmenschen und Abendmenschen gibt, ist bekannt. Ebenfalls bekannt ist, dass die Morgenmenschen in unserer Gesellschaft weit mehr Ansehen genießen als die Abendmenschen.

Wer bei Sonnenaufgang – oder noch früher – fröhlich vor sich hin pfeifend sein Tagwerk beginnt, dem unterstellt man üblicherweise eine höhere Arbeitsmoral und eine größere Arbeitsleistung als dem, der genauso putzmunter nach Mitternacht vor sich hin werkelt.

Eine Hausfrau etwa, die mit stolzgeschwellter Brust verkündet: „Wenn die Kinder von der Schule heimkommen, habe ich den gesamten Haushalt bereits tipptopp erledigt!", darf mit Beifall und Anerkennung rechnen.

Die Mitteilung hingegen: „Wenn die Kinder dann endlich im Bett sind, fange ich erst so richtig mit der Hausarbeit an!" sollte tunlichst überhaupt nicht gemacht werden, sonst wird man, je nach Milde oder Strenge der Zuhörer, als hilflos, faul, untüchtig oder arbeitsscheu abgeurteilt.

Weil die Morgenmenschen bei uns moralisch so hoch im Kurs stehen, dürfen sie auch die Abendmenschen in ihrer Umgebung total unterdrücken, ohne dabei irgendwelche Skrupel zu haben.

Dass man zum Beispiel den Kindern das Klavierspielen nach 22 Uhr untersagt, ist fast allen Eltern selbstverständlich. Man kann die Nachbarn doch nicht in der Nachtruhe stören.

Um 6.30 Uhr jedoch, wenn viele Abendmenschen ihre Nachtruhe noch nicht abgeschlossen haben, erscheint den meisten Eltern kindliches Klavierspiel absolut zulässig. Wär' er halt früher ins Bett gegangen, der verlotterte Nachbar!

Übersteht ein Mensch den Kaffeehausbesuch nach der letzten Kinovorstellung nur gähnend, stumm und halbgeschlossenen Auges, hält man ihn nicht gerade für eine Stimmungskanone, aber niemand darf ihm seine Schläfrigkeit krummnehmen.

Gähnt und muffelt sich ein Mensch jedoch lidschwer durch den Vormittag, hat er mit rügenden Bemerkungen zu rechnen und muss sich demütig für seinen Zustand entschuldigen.

Verständlich wären diese Zustände, handelte es sich bei den Abendmenschen um eine kleine Minderheit. Dass man Minderheiten unterdrückt, ist auch in Demokratien üblich. Aber die Abendmenschen sind eine gewaltige Gruppe. Mehr als die Hälfte der Bevölkerung, davon bin ich überzeugt, gehört zu ihr.

Wenn die Mehrheit des Volkes unterdrückt wird, dann ist das eine Diktatur. Die Diktatur der Morgenmenschen! Auch gegen diese Diktatur sollten wir kämpfen!

Liebe macht blind – manche bleiben es

Die meisten Frauen sind zum Zeitpunkt ihrer Heirat der naiven Ansicht, den Menschen, dem sie gerade ihr sogenanntes Ja-Wort geben, sehr gut – wenn nicht gar: durch und durch – zu kennen. Und falls sie sich noch weitere und intimere Einblicke in seine Psyche erwarten, sind sie auf lauter Positives und Erfreuliches gefasst.

Dass diese Erwartungshaltung eine irrige war, erleben die meisten Ehefrauen ja schon in den ersten Ehejahren. (Den Ehemännern wird es nicht viel anders ergehen.) Erst beim intensiven, tagtäglichen Zusammenleben stellt sich eben heraus, wer der Mensch, den man liebt, eigentlich ist. Und das wirft dann manchmal sogar die Frage auf, ob man diesen Menschen, so wie er ist, auch noch lieben kann.

Geheiratet hat man – zum Beispiel – einen armen, verkannten Menschen, den Mutter, Vater, Schwester, Chef und Freunde nicht genug liebhatten. Verheiratet ist man aber mit einem Mann, den man, seit man Mutter, Vater, Schwester, Chef und Freunde kennt, schlicht als „vor Selbstmitleid triefend“ bezeichnen könnte.

Genauso leicht könnte es sein, dass man in Vorehezeiten für kluge Sparsamkeit gehalten hat, was sich im Laufe der Ehe als knickeriger Geiz entpuppt.

Und die Vorstellungen darüber, welch netten, gütigen, verständnisvollen Papa der geliebte Mann einmal abgeben werde, entsprechen auch nicht immer den Tatsachen, wenn die ersehnten Kinderchen erst einmal da sind.

Mit der Enttäuschung darüber kann man auf zweierlei Art fertigwerden. Entweder man trennt sich von der Person, die nicht halten will, was sie versprochen hat, oder man legt sich eine andere Einstellung zur „Liebe“ zu und verzichtet auf den kindlichen Drang, nur zu lieben, was man richtig bewundern kann: In Ratgebern zur glücklichen Eheführung wird das dann als „die reife Liebe“ ausgegeben.

Eine dritte Möglichkeit freilich ist die, dass man seine Irrtümer bezüglich des Charakters des Ehepartners gar nicht wirklich zur Kenntnis nimmt und bei seinem vorehelichen Partnerbild bleibt.

Ehefrauen, die sich zu dieser Partnersicht entschlossen haben, erkennt man daran, dass sie etwaige Klagen über den Ehemann immer mit dem Satz beginnen: „Mein Mann ist der beste Mensch der Welt, aber …“

Was Männer an Puffärmeln stört

Die schönsten, weil verwegensten Zeitungsartikel kommen sehr oft mit ungeheurer Verspätung unter die kurzsichtigen oder weitsichtigen Augen der Leserschaft. Nämlich erst dann, wenn man den Salat und die Petersilie, die einem die Gemüsefrau vorsorglich in ein Zeitungsblatt gehüllt hat, auswickelt.

Doch wenn man dann so beim Küchentisch sitzt und dem Salat die äußeren Blätter abzupft, trifft einen die Botschaft auf der sandbestreuten, unter Umständen auch von Kleinstgetier bekrabbelten Salatunterlage viel tiefer, als bei der täglichen Frühstückslektüre üblich.

REIZWÄSCHE IST DYNAMIT IM SCHLAFZIMMER steht da etwa.

Dies zwischen den Salatblättern erspähend, bleibt einem doch glatt die Luft weg. Man wischt also Salat, Getier und Sandkörner beiseite und studiert das, was „müde Männer munter macht".

Selbst wenn man die kleinformatigen Ratschläge für den häuslichen Bettbedarf nicht not hat, ist das doch interessant!

Schwarz, Rot und Violett sind die Farben, die ankommen.

Rosa, Hellblau, Gelb und Grau hingegen sind Flops!

Spitze und alles Transparente sind Muntermacher, Baumwolle und Flanell sind zu meiden. Und der Superhit: Die Ehefrau in einem Oberteil eines Männerpyjamas aus Seide.

Sapperlot, denkt man. Ist ja toll! Aber dazu braucht man einen Ehemann, der im Besitze eines Seidenpyjamas ist. Oder kauft sich die Ehefrau extra einen Herrenseidenpyjama? Und was tut sie dann mit der Pyjamahose?

Oder bekommt man Oberteile von Männerpyjamas aus Seide – weil sich die erotische Sache schon herumgesprochen hat – jetzt auch ohne dazugehörige Hose? Vielleicht sogar in einem Damenwäschegeschäft?

Noch schwerer zu ergründen aber ist der allergrößte Verstoß gegen die männlichen Wünsche! Puffärmel am Nachthemd zu haben, steht auf dem Salatpapier, sollte keiner einfühlsamen Frau unterlaufen.

Was, in drei Teufels Namen, hat ein männlicher Mann gegen Puffärmel?

Verdutzt starrt man der Salatschnecke nach, die das Zeitungsblatt verlässt.

In der Fleischpfanne am Herd brutzelt es bedrohlich, die Petersilie wird langsam welk, und die schleimig-klebrige Kriechspur der Salatschnecke hat die Zeitungszeile unter den „Puffärmeln“ unleserlich gemacht.

Nie mehr werden wir erfahren, was es mit Puffärmeln auf sich hat.

Sind Sie eine Gluckhenne?

Unlängst hörte ich wieder einmal in einer Radiosendung, die sich mit der Mutter-Kind-Beziehung befasste, dass Mütter vor allem keine Gluckhennen sein sollten, dass Mütter ihre Kinder „loslassen“ müssen.

Natürlich nickt man zustimmend, wenn man solches hört, denn man weiß ja, dass eine Gluckhenne keine ideale Bezugsperson für ein Menschenkind sein kann. Es hält sich ja auch keine Mutter für eine Gluckhenne. Wo, bitte, beginnt denn das Gluckhennensyndrom? Natürlich: Die Mutter, die ihren zwölfjährigen Sohn täglich und zum Gespött seiner Klassenkollegen von der Schule abholt, ist eine Gluckhenne. Und die Mutter, die ihr Kleinkind des Abends ohne Babysitter zu Hause lässt, ist keine!

Aber die Durchschnittsmutter agiert irgendwo zwischen den beiden Extremen, und da wird es reine Anschauungssache, ob man sie zur Gluckhenne stempelt.

Ich habe eine Freundin, die sagt von mir, ich sei bei der Kinderaufzucht die reinste Gluckhenne gewesen. Höre ich dies, lächle ich und denke: Ach du Gute, das sagst du, um deine Schuldgefühle zu verdecken, weil du dich um deinen Nachwuchs zu wenig gekümmert hast!

Ich habe eine andere Freundin, die deutet mir manchmal an, dass ich meine Kinder viel zu früh „losgelassen“ habe. Höre ich dies, lächle ich und denke: Ach du Gute, so siehst du das, weil du eine Gluckhenne bist und deine Kinder immer als deinen Besitz betrachtet hast!

Aber rückerinnernd und um Ehrlichkeit bemüht, muss ich den echten Gluckhennenmüttern der Freunde meiner Kinder Dank abstatten. Viele kindliche und jugendliche Vorhaben meines Nachwuchses, die ich „erlauben" zu müssen meinte, scheiterten daran, dass die Freunde und Freundinnen meiner Kinder nicht „durften".

Da war ich dann oft ziemlich erleichtert. Fair war das sicher nicht, aber schön war es schon, wenn nicht mir, sondern der Mutter vom Andi oder vom Xandi die Schuld am Scheitern von Freiheitsbestrebungen gegeben wurde. Auch grobe Tricks können eine Mutter-Kind-Beziehung fördern!

PS: Diese Ansicht soll weder Anleitung noch guter Rat sein, da in der Mutter-Kind-Beziehung Ehrlichkeit an erster Stelle stehen muss! Ich gestehe den Trick bloß ein, um die armen Gluckhennen ein wenig aufzubauen.

Machen Sie sich doch Umstände!

Bitte, machen Sie sich nur keine Umstände!", pflegen ganz bescheidene Leute zu sagen, wenn sie sich bei Leuten zu Besuch anmelden, die ihnen nicht sehr vertraut sind.

Da man sich aber, wenn man Gäste hat, ohnehin Umstände macht und bescheidenen Leuten genauso viel bieten will wie anspruchsvollen, kauft man halt ein, womit man bei Gästen üblicherweise Erfolg hat.

Edlen, herben Weißwein ersteht man und gut abgehangenen Lungenbraten. Und die Tiefkühltruhe durchwühlt man bis zum Boden und zur eisigen Fingersteife nach Erdbeermark für die Eistorte. Und extrafeine italienische Kaffeebohnen kauft man, um die Bescheidenen abschließend noch mit Espresso zu verwöhnen. Dann marschieren die bescheidenen Gäste ein! Sie sehen den artig gedeckten Tisch und klagen: „Aber wir haben doch gesagt, dass Sie sich keine Umstände machen sollen!"

Worauf die Gastgeber versichern, dass sie sich ja wirklich keine Umstände gemacht haben, keine Spur von Umständen! Dann will der Gastgeber den Gästen edlen Weißwein in die Gläser füllen, aber die Bescheidenen lehnen ab. Nein, nein, gegen Alkohol seien sie im Prinzip nicht, nur gegen Weißwein. Der macht ihnen Sodbrennen. Aber wenn vielleicht ein Schlückchen Rotwein im Haus wäre?

Leider! Rotwein ist keiner da. „Hol Rotwein vom Wirten", zischelt die Gastgeberin ihrem Mann zu, doch das hören die Bescheidenen und rufen: „Aber nein, machen Sie sich nur keine Umstände, bitte!“ Und die ganze Zeit, während der Gastgeber außer Haus ist, um Rotwein zu holen, muss die Gastgeberin ihre Gäste trösten, weil sie nun doch Umstände gemacht haben.

Vom Fleisch nehmen die Bescheidenen nur ein Minischeibchen: Nicht weil sie auf Diät gesetzt sind, sondern weil sie medium gebratenes Fleisch nicht mögen. Sie sagen es zwar nicht, aber man merkt es; sonst würden sie ja das rosige Mittelstück vom Fleischscheibchen nicht ungegessen am Teller belassen.

Von der Eistorte kann die bescheidene Frau nicht nehmen, weil sie gegen Erdbeeren allergisch ist, den Espresso müssen beide ablehnen, weil sie sonst nicht schlafen können.

Wie schön wäre die Einladung doch gelaufen, hätten die Bescheidenen ganz unbescheiden gesagt: „Für uns, bitte, etwas Suppenfleisch und Rotwein! Oder zumindestens hätten sie, der Realität entsprechend, sagen sollen: „Machen Sie sich, bitte, ruhig die falschen Umstände!“

Wenn wir sie nur ließen

Die Männer sind keine Machos und Paschas mehr. Die haben umgelernt und sehen ein, dass sie partnerschaftlich alle Arbeit im Haushalt zu tätigen haben.

Nur noch 12 % der Männer, heißt es, halten Hausarbeit für „reine Frauensache“, die sie nichts angeht.

Allerdings hat sich diese schöne Erkenntnis nicht in noch schönere Tat umgesetzt. Mehr als 80 % aller Hausarbeit wird noch immer von Frauen erledigt. Woran das liegt, darüber sind naturgemäß Männer und Frauen uneins.

Aber was Frauen dazu meinen, fällt nicht ins Gewicht, die interpretieren ja den Widerspruch zwischen männlichem Tun und Denken nur! Männer hingegen erleben ihn, wissen also aus erster Hand Bescheid!

Da wäre zum Beispiel der liebe Hugo, der gern seine 50% im Haushalt tun würde. Aber Hugo ist beruflich in „gehobener Position“, und die hat er angestrebt, weil ihm Chefsein mehr liegt als Ausführen von Befehlen. Einer wie Hugo wird eben unwillig, wenn er „niedere“ Tätigkeit erledigen soll. Dem liegt es mehr, mit dem Kochbuch in der Hand das Gulasch-Kommando zu übernehmen und seine Frau anzuweisen, Fleisch in Würfel von 3 Zentimeter Kantenlänge zu schneiden und den Paprika nicht zu lange zu rösten. Aber seine Frau sieht das nicht ein, will in der Küche die Chef-Position behalten und Arbeit an ihn delegieren! Klar, dass er da die Lust verliert und lieber Zeitung liest.

Oder der eifrige Otto! Der ist ein Mann, der alles exakt bedenkt, und so kommt er halt ins Sinnieren, wenn er ein Häuptel Zwiebel schneiden soll. Muss er ja auch, wenn in dem Netz sieben verschieden große sind! Welches ist zu nehmen, wie viel Deka soll's haben, wie breit soll eine Schnitte sein, wie lang jedes Teilstück, in das er die Schnitten schneidet? Und sind die vorhandenen Messer optimal für diese Arbeit geeignet? Otto kann echt nichts dafür, dass seine Frau das Zwiebelhäuptel zerkleinert, während er noch am Durchdenken ist!

Oder Kurti! Kurti ist einfach zu jeder Arbeit willig. Auch zum Einkaufen. Aber bitte doch nicht gerade dann, wenn etwas anderes dringlicher ist. Seine Frau kann ihm den Einkaufszettel doch nicht überreichen, wenn er gerade beim Briefmarkensortieren ist!

Etwas Einfühlungsvermögen in die männliche Psyche müssten Frauen halt aufbringen, wenn es um partnerschaftliche Arbeitsteilung geht! Wenn sie das nicht schaffen, sind sie selber schuld, dass 88% williger Männer weit weniger als 20% der Hausarbeit leisten!

Von den „Rechthabern“

Zu den Menschen, die nur unter Aufbietung größter Geduld zu ertragen sind, gehören die „Rechthaber“! Was so ein eingefleischter „Rechthaber“ ist, kann nie zugeben, dass er im Unrecht ist; selbst, wenn es sich um eine Kleinigkeit handelt, streitet er herum, als ob es ums Leben ginge!

Und wenn man ihm das Lexikon unter die Nase hält und schwarz auf weiß belegt, dass „Arawak“ nicht – wie von ihm behauptet – ein Vogel ist, sondern ein Ureinwohner der Karibischen Inseln, wird er zuerst einmal die Qualität des Lexikons anzweifeln. Kommt er damit nicht durch, wird er sagen, dass sich der Vogel, den er meint, nicht mit „w“, sondern mit „v“ schreibe und nur in speziellen, nicht allgemein zugänglichen Fachbüchern aufzufinden sei!

Eine andere beliebte Rechthaber-Taktik ist, hinterher zu behaupten, nie behauptet zu haben, was sich als falsch herausgestellt hat!

Ohne schamrot zu werden, dreht der Rechthaber die Positionen im Streitfall um! Empört ruft er: „Ich hab nie gesagt, dass die Sommerzeit in England früher aufhört als bei uns!“ Und das Äußerste, worauf er sich dann einlässt, ist, dass der strittige Fall ein Missverständnis war und er – weil die anderen nie richtig zuhören – missverstanden wurde.

Und weil der Normalmensch nicht auch zum Rechthaber werden will, lässt er es gütig dabei bewenden.

Warum ein Mensch zum Rechthaber wird, ist – mir wenigstens – nicht klar. In manchen Fällen scheint sich der Trend dazu eindeutig zu vererben. Andererseits gibt es Familien mit einem rechthaberischen Mitglied, in der nichts darauf hinweist, dass das Sache der Gene sein könnte! Und an der Aufzucht kann es eigentlich auch nicht liegen. Wer drei Kinder so erzieht, dass ihnen „Da hab ich mich geirrt" leicht über die Lippen kommt, kann nicht schuld sein, wenn der vierte Spross zum bornierten Rechthaber wird!

Sonnenklar ist eigentlich nur, dass jeder Rechthaber – so er tatsächlich recht behält – offensichtlich in einen wahren Glückstaumel verfällt und jedermann zehnmal mitteilen muss, dass er „natürlich wieder einmal recht behalten hat"! Eigentlich direkt ein Wunder, dass es nicht schon längst – abgeschaut vom „Tapferen Schneiderlein", breite Rechthaber-Bauchbinden gibt, mit der Aufschrift: „Heute schon siebenmal recht gehabt!"

Auf rotem Samt mit Goldfaden (im Kreuzelstich) ließe sich das von geplagten Familienmitgliedern für den Rechthaber – als passendes Weihnachtsgeschenk – anfertigen!

Ausgerechnet jetzt?

Freundschaften soll man hegen und pflegen; nicht nur „innige", auch „lose". Freundschaft ist das Beste, was der Mensch im Leben kriegen kann. Deshalb hat er für Freunde – „innige" wie „lose" – stets da zu sein.

Wäre unschön, ihnen nur zur Verfügung zu stehen, wenn vorher mit Terminkalender ein Treffen ausgemacht wurde. Spontan hat man Freunde aufzunehmen, so sie es begehren.

Da klingelt es etwa an der Haustür, man geht zur Gegensprechanlage, und eine Freundesstimme sagt: „Ich war grad in der Gegend und hab' gedacht, ich schau' auf einen Sprung vorbei, falls ich nicht störe!"

Nun, unter „falls ich nicht störe" wird üblicherweise verstanden, dass man nicht bei einer wichtigen, wesentlichen Tätigkeit unterbrechen will.

Im Fernsehen „Ariane, Liebe am Nachmittag" anschauen, gehört gewiss nicht zu diesen wichtigen, wesentlichen Tätigkeiten.

Ist einfach unmöglich, einem Freund zu sagen: „Du störst! Ich schau' grad fern". Das kann man dem Freund nicht zumuten und sich selber auch nicht. Man ist ja kein TV-Dodel, der das reale Leben vernachlässigt, um sich einem alten Kino-Schinken hinzugeben! Dazu am Nachmittag, wenn seriöse Leute anderes zu tun haben.

Man lässt also den Freund ins traute Heim, kredenzt ihm Kaffee und beteuert, dass er keineswegs bei irgendetwas störe.

„Hab' nur ferngeschaut", sagt man, und den Verzicht, der einem im Gesicht geschrieben steht, bemerkt der Freund nicht.

Wesentlich leichter wäre es ja, diese Situation zu verkraften, wenn der Freund nicht mehrmals sagen würde, dass er echt nur „auf einen Sprung" da ist und gleich wieder gehen würde! Das erweckt nämlich die lüsterne Hoffnung in einem, dass man wenigstens das Happy-End zwischen dem unschuldigen Mäderl und dem abgeklärten Millionär mitkriegen könnte! Und während der Freund vom „linken Zweier unten" berichtet, dessen Behandlung ihn in unsere Gegend führte, linst man verstohlen ins TV-Programm und auf die Uhr und gibt merkwürdige Kommentare zum „linken Zweier unten" ab, weil die Gedanken mehr bei Frl. Hepburn und Hr. Bogart weilen. Dann erhebt sich der Freund tatsächlich, man schiebt ihn zur Tür, schaltet den Fernseher ein und erblickt nichts als ein großes END.

Na ja, ist nicht der Weltuntergang, aber eine bittersüße Liebesgeschichte gegen eine „linker, unterer Zweier"-Geschichte eingetauscht zu haben, ist halt doch eine triste Sache, bei der man sich etwas betrogen vorkommt.

Hab' ich euch schon erzählt ...?

Jeder hat im Schatzkästlein seiner Erinnerungen Erlebnisse, die er für erzählenswert hält, und sucht „Kundschaft" dafür. Da aber vieler Leute Erzähllust größer als ihr Bekanntenkreis ist, passiert es, dass man einem Erzähl-Lüstling gegenübersitzt, der kriegt plötzlich, angeregt vom Wort „Kellertür", gieriges Glitzern ins Auge und fragt: „Hab' ich eigentlich schon erzählt, wie mich die Berger damals im Keller eingesperrt hat?"

Natürlich hat er, nicht nur einmal, zehnmal! Jeder kennt die Keller-Story auswendig, weiß, wie Alois auf der Treppe saß, an die Tür pochte, sich heiser schrie, ohne dass Hilfe nahte. Jeder kennt sogar etliche Fassungen der Story. Die mit der Maus, die Männchen machte, die mit der Ratte, die böse pfiff, die, in der Befreiung um Mitternacht erfolgte, und die, in der er bis zum Morgen im Keller verblieb. Am besten kennt Aloisens Frau die Story in allen Varianten, die sitzt ja immer neben ihm, wenn er vorträgt. Und so zischelt sie: „Klar hast du das!" Aber für Alois gilt, wenn's ans Erzählen geht, seiner Frau Wort nie. Forschend blickt er in die Runde, zweifelnd fragt er: „Hab' ich echt?"

Da muss man ein sehr hartherziger Mensch sein, um kaltlächelnd „Ja" zu sagen, und Alois weiß, dass Berta kein solcher ist. So fixiert er sie, legt Flehen in die Stimme, fragt: „Dir auch?"

Da zögert Berta nur kurz, dann sagt sie: „Erinnern kann ich mich eigentlich nicht." Und bevor ein anderer Veto einlegen kann, legt Alois los, und während er beglückt schildert, kriegt

Berta von ihrem Hugo unterm Tisch Tritte gegen das Schienbein, zur Strafe für die der ganzen Runde angetane Tortur.

Aber tags darauf, in anderer Runde, bekommt Hugo plötzlich, angeregt von der Nennung des Namens „Alois", gieriges Glitzern in die Augen und fragt: „Hab' ich euch eigentlich schon erzählt, wie hilflos die Berta immer ist, wenn der Alois seine uralten Geschichten erzählen will?"

„Hast schon zehnmal!" zischelt Berta, und Hugo fixiert Maria, die gute Haut, und fragt mit flehentlicher Stimme: „Dir auch?"

Worauf Maria nur kurz zögert und sagt: „Erinnern kann ich mich eigentlich nicht." Dann legt Hugo los, bevor ein anderer Veto einlegen kann, und diesmal bekommt Maria Tritte ab.

Wahre Güte muss eben immer leiden und lohnt auch nicht, denn wenn es Berta oder Maria einmal passiert, dass sie aus dem Schatzkästlein ihrer Erinnerungen eine Geschichte zum zweiten Mal holen, sind Hugo und Alois die ersten, die lauthals protestieren.

Vorsicht: Einladung droht!

Den Menschen mit unsensiblen Geschmackspapillen entgehen sehr viele wunderbare Stunden im Leben, denn der „Gaumengenuss“ ist wohl einer der allerschönsten im Leben. Eines aber haben die braven Allesvertilger den heiklen Feinspitzen voraus: Sie brauchen nicht zu leiden, wenn sie bei Leuten, die überhaupt nicht kochen können, auf ein „schönes Nachtmahl“ eingeladen sind!

Unsereiner hingegen, der nicht nur köstlich Gekochtes enorm schätzt, sondern übel Zubereitetes einfach nicht „runterkriegen“ kann, verzweifelt an so einem Gastmahl schier!

Man will ja den lieben Grauskoch oder die werte Grausköchin nicht kränken. Aber was soll man denn tun, wenn jeder Bissen beim Kauen im Mund schrecklicherweise an Volumen zunimmt und zunimmt und einem die Speiseröhre „Vorübergehend geschlossen!“ signalisiert?

Oft ist die einzige Möglichkeit, dieses Signal zu überlisten: die abgelehnte „Ladung“ mit einem kräftigen Schluck aus dem Glas wegzuspülen.

Aber falls man den Teller arg vollgeschöpft bekam und zum leichteren Transport Wein oder Bier benutzen muss, kann diese Methode leicht zum Vollrausch führen!

Ein besserer Ratschlag, der aber nur brauchbar ist, wenn man über die Unfähigkeit von Koch oder Köchin schon Bescheid weiß, wäre: Man erwähne bereits, wenn die Einladung ausgesprochen wird, dass man traurigerweise im Moment an einer hartnäckigen Gastritis laboriere! Auf die kann man sich dann zurückziehen, wenn das Essen so ausfällt wie befürchtet.

Sollte es wider Erwarten doch genießbar sein, kann man ja noch immer fröhlich verkünden, dass sich die Gastritis erstaunlicherweise inzwischen beruhigt habe!

Übrigens: Die Idee, zähe oder flachsige Fleischhappen unter den Tisch zu schmuggeln, weil dort der Gastgeberhund Platz genommen hat, kann schiefgehen!

Ich versuchte dies einmal. Und als dann „die Tafel aufgehoben" wurde und die Gastgeberin das üppig herabhängende, aber leicht bekleckerte Tischtuch vom Tisch zog, war allen der Blick frei auf eine riesige Dogge, und vor deren sabberndem Maul lag noch alles, was sich vorher auf meinem Teller befunden hatte.

Das Vieh war leider perfekt erzogen und darauf dressiert, nur nach seines Besitzers Kommando „Friss!" zuzuschnappen!

Könnte allerdings auch sein, dass es einen genauso sensiblen Gaumen hatte wie ich.

Wem ist er zu verdanken?

Der „neue Mann“ ist kein Gespenst, das nur in nebulösen Tagträumen geplagter Frauen auftritt. Es gibt ihn tatsächlich!

Bereits 13 % unserer Männer sind „neue“, also solche, die sich partnerschaftlich in der Familie – sowohl im Haushalt als auch bei der Kindererziehung – betätigen, die zudem keine Angst mehr vor „unmännlichen“ Gefühlen haben und ihre Frau als gleichberechtigt sehen. Dies behauptet wenigstens eine neue Studie.

13 % sind ja nicht allzu viel, da aber die Studie diesen Anteil an „neuen Männern“ vor allem unter jungen Männern ausfindig gemacht hat, während unter den älteren Herrschaften das „traditionelle“ Männerbild noch üblich ist, dürfte der Trend zum „neuen Mann“ zunehmen, und es ist damit zu rechnen, dass es nicht mehr lange dauern wird, bis dieser liebenswerte Männer-Typ in der Mehrheit ist! Und wem haben wir für die „neuen Männer“ unseren Dank zu bekunden?

Wohl den „alten Frauen“, die sie großgezogen und ihnen nach dem Motto „Was Hänschen nicht lernt ...“ von klein auf beigebracht haben, dass es für männliche Wesen keine Schande ist, zu kochen, zu bügeln, Fenster zu putzen und Milch zu holen, dass es erlaubt ist, traurig zu sein und zu weinen, und dass männlicher Nachwuchs weiblichem gegenüber keine Privilegien beanspruchen darf!

Ohne Scheidungen loben zu wollen: Aber viele der Mütter, die männliche Kinder zu „neuen Männern“ erzogen haben, hätten das nicht geschafft, wären sie keine geschiedenen Alleinerzieherinnen gewesen!

Mit einem Ehemann, der im Haushalt keinen Finger rührt – weil das Weibersache ist – und dazu noch den „starken Mann" spielt, der nur fürs Geldverdienen und für häusliche „Klein-Reparaturen" zuständig ist, sich sogar der Einzelträne schämt, die ihm beim Begräbnis seiner Mutter über die Wange rollt, kann eine Mutter den Sohn nur schwer zum „neuen Mann" erziehen. Da nimmt sich der Sohn nämlich lieber ein Beispiel an seinem Papa! Das ist wesentlich bequemer für ihn!

Und die Schwerstarbeit, zuerst den Ehemann „umzuerziehen", um dann den Sohn richtig erziehen zu können, das schafft wohl kaum eine Frau.

Seien wir doch einmal ehrlich. Wem haben wir also tatsächlich diese „neuen Männer" zu verdanken?

Na, klarerweise doch all den „alten Männern", die von ihren Familien abgehauen sind und damit sämtliche Hindernisse zur Aufzucht der „neuen Männer" beseitigt haben!

Kartenspiel-Spiel

Eigentlich halte ich Kartenspielen für eine langweilige Sache. Mein Gram, wenn ich verliere, und meine Freude, wenn ich gewinne, halten sich in derart bescheidenen Grenzen, dass ich mich wegen einer so geringen Veränderung meines Gefühlshaushalts nicht einmal zum Kartenmischen bereit erklären würde.

Trotzdem liebe ich seit einiger Zeit diese Art von Freizeitbeschäftigung, denn ich habe mit Erstaunen bemerkt, dass man beim Kartenspielen seine Mitmenschen besser kennenlernt als in langen und ausführlichen Intimgesprächen.

Es ist schon ein erregender Anblick, wenn Freund Adalbert, der sonst so gelassen und kühl Kalkulierende, nach Erhalt von sieben „Bummerln" plötzlich – und zum Schrecken seiner Ehefrau – die prall gefüllte Brieftasche auf den Tisch knallt und sie als „Einsatz" für das nächste Spiel geben will.

Wer von den Mitspielern dann fast bereit wäre, die Brieftasche als „Einsatz" anzunehmen, tut auch gut zu wissen.

Und dass Tante Emma, deren Güte und Verständnis für Kinder immer als erwiesen galt, ihren Lieblingsenkel dauernd verbittert keifend des „Schwindelns" bezichtigt, gibt einem allerhand zu denken.

Noch mehr zu denken gibt, dass die gute Elfi, die ewige Vorzugsschülerin und Intelligenzbestie, die Grundregeln des „Dreier-Schnapsens" nicht kapiert und alle paar Minuten nach den näheren Merkmalen einer „Gabel“ fragt und sich mit drei ungedeckten Zehnern in einen „Gang“ wagt.

Hätte ich mich mit Elfi nicht zum Kartentisch gesetzt, hätte ich noch lange Hochachtung vor ihrem „Superhirn“ gehabt.

Das Schönste am Kartenspielen aber ist, dass der Kartenspieler heftig und total emotional reagieren darf. Ungehemmte Schadenfreude kann ihren Lauf nehmen, helle Freude sich grinsend breitmachen, wilde Wut knallend entströmen, wie Gas dem gestochenen Luftballon.

Und wenn Schwager Robert gegen mich gewinnt und ich zische ihm zu: „Ich verabscheue dich!“, dann streicht er lächelnd seinen Gewinn ein und nimmt mir nichts übel.

Dass mein verbittertes Gezischel mit dem Ausgang der Kartenpartie rein gar nichts zu tun hat, sondern mir ein Anliegen ist, seit ich den unmöglichen Menschen in die Familie bekommen habe, ahnt er nicht.

Darum kann ich nur jedermann raten: Spielt Karten! Kartenspielen kann das Zusammenleben ungemein erleichtern!

Schuld war nur das steife Genick

Der Mensch, so er nicht ein echter Egozentriker ist, hat ein lebhaftes Interesse daran, seine Mitmenschen besser, näher und tiefer kennenzulernen, was ja kein Wunder ist, denn mit Menschen, die man besser kennt, kann man auch besser umgehen; und das macht einem das Leben leichter.

Doch ganz spezielles Vergnügen bereitet es vielen Menschen, von einem Mitmenschen etwas zu wissen, was dieser Mitmensch selbst von sich nicht weiß! Artikel in intelligenten Produkten der Zeitungsbranche können ihm dabei weiterhelfen. Meinem Freund Emil, zumindest, taten sie es.

Saß dieser Emil doch unlängst bei mir, mit mir in eine heftige Diskussion verwickelt, und beteuerte unentwegt, dass er meinen Standpunkt überhaupt nicht verstehen könne und sich wahnsinnig darüber gräme, dass dem so sei! Doch plötzlich hellte sich seine düstere Miene auf, und lächelnd sprach er: „Ist ja kein Wunder, dass wir uns nicht einigen können! Du denkst analytisch, und ich denke gesamtheitlich!“ „Was offenbart dir dieses?“, fragte ich verstört. „Deine Blickrichtung!“, trumpfte Emil auf. „Immer, wenn du nachdenkst, neigst du den Kopf nach rechts und schaust auch nach rechts!“

„Jawohl“, sagte ich mit rechtsgeneigtem Kopf, „das kommt davon, weil ...“

„Weil der Mensch den Kopf nach rechts richtet“, unterbrach mich Emil, „wenn seine linke Hirnhälfte beschäftigt ist. Und die linke Hirnhälfte ist für das analytische Denken zuständig. Das ist wissenschaftlich erforscht, da beißt keine Maus einen Faden ab!“

Ich schaute, nach rechts geneigten Hauptes, Freund Emil an. Er war so stolz auf sein neues Wissen und so begeistert, dass er hinter die intimsten Schliche meiner Denkapparatur gekommen war. So sagte ich einfach und voll Anerkennung in der Stimme: „Toll, Emil! Man lernt nie aus!“

Meine gute Seele, sowohl in der rechten als auch in der linken Hälfte auf Güte und Einfühlungsvermögen trainiert, hieß mich, Freund Emil nicht darüber aufzuklären, dass mein rechtsgeneigter Kopf und der damit verbundene Rechtsblick sehr wenig mit analytischem Denken, aber sehr viel mit einem steifen Genick zu tun hat.

Aber weiß der Himmel! Wenn das steife Genick noch ein paar Tage länger anhält, dann werde ich vielleicht noch eine analytische Denkerin!

Großes Glück und Privathölle

Es gibt Menschen, die einander lieben, aber nicht zusammenpassen, und es gibt Menschen, die zusammenpassen, einander aber nicht lieben.

Erstere haben eine kleine Privathölle auf Erden, zweitere haben es besser, ihnen entgeht nur das große, gemeinsame Glück.

Manchmal allerdings – und dann wird die Sache irrwitzig – sind zwei Ehepaare, wo die Partner einander lieben, aber nicht zusammenpassen, in tiefer Freundschaft verbunden, und dann stellt sich heraus, dass der Mann von Paar 1 sehr gut mit der Frau von Paar 2 zusammenpassen würde und die Frau von Paar 1 desgleichen mit dem Mann von Paar 2.

Wäre das Leben ein Illustriertenroman, fände nun der berühmte Partnertausch statt. Weil sich das Leben aber weigert, ein solcher zu sein, ergibt sich nichts Diesbezügliches aus den Querverbindungen.

Was sich ergibt, ist ein großes und langes und gegenseitiges „Herzausschütten" und ein vehementes Trösten, ein Leidensgesang im Chor und ein seelisches Wiederaufrichten, um die nächste Krise mit dem angetrauten Partner zu überstehen.

Und über die Jahre hin entsteht dann noch eine gewisse Verbitterung zwischen Mann 1 und Mann 2 und zwischen Frau 1 und Frau 2, weil Mann 1 immer zu hören bekommt, dass Mann 2 der gleichen Ansicht sei wie seine Ehefrau und auch gemeint habe, dass sich Mann 1 völlig vertrottelt aufführe. Und dann kontert Mann 1 damit, dass Frau 2 ihm recht gegeben habe und wirklich nicht verstehe, warum ihn Frau 1 so sehr quäle.

Und dann brüllen an zwei verschiedenen Orten, aber in gleicher Lautstärke, zwei Menschen: „Wenn er (sie) dich so gut versteht, dann lass dich doch scheiden und heirate ihn (sie)!"

Aber der verbitterte Vorschlag kann nicht angenommen werden. Dies nicht nur, weil das Leben kein Illustriertenroman ist, sondern auch, weil es mit dem schönen Verstehen zwischen Mann 1 und Frau 2 und zwischen Mann 2 und Frau 1 bald aus wäre, hätten sie nicht mehr ihre verquerten Partnerschaften zu besprechen.

Sich im gemeinsamen Hader zu finden ist eben noch kein Garant dafür, zusammen auch glücklich sein zu können.

Ohne die, über die es zu klagen gilt, hätten sich Mann 1 und Frau 2 genauso wenig zu sagen wie Mann 2 und Frau 1.

Des Partners Kram wie den eigenen hüten

Die Menschen, die sämtlicher Dinge, die sich in ihrem Besitz befinden, jederzeit ohne Zaudern und Suchen habhaft werden können, sind rar. Wesentlich mehr Menschen suchen einen Teil ihrer Habe andauernd und können ihn nicht finden.

Diese Leute sind arm dran, aber noch ärmer sind die, die mit so einer „Verlegerpersönlichkeit" leben, denn der, der seine Brille, seine Schlüssel oder seine Geldbörse sucht, tut dies nicht diskret und ohne die anderen damit zu belästigen, sondern lauthals klagend und um aktive Mithilfe bei der Suchaktion bittend.

Diese Hilfe kann man auch schwer ausschlagen, da solche Suchaktionen immer in Terminnot stattfinden, und man kann den Familienernährer schließlich nicht schon wieder zu spät ins Büro kommen lassen, nur weil er den Autoschlüssel nicht selber findet.

Und wenn man sich Omas verlustiger Brille nicht annimmt, versaut einem die gute Frau den ganzen Fernsehkrimi durch andauerndes Nachfragen über die optische Lage auf dem TV-Schirm. Und wenn man die Mama bei der Geldbörselsuche nicht unterstützt, findet sie es erst nach Ladenschluss vom Supermarkt, und es gibt kein Nachtmahl.

Lebenskluge Partner von ewigen „Verlegern" haben sich antrainiert, des Partners Kram wie den eigenen zu hüten. Sie sehen seine Brille, seine Schlüssel oder sein Geldbörsel wo liegen und prägen sich diese Lage genau ein. Mit überlegenem Lächeln können sie Stunden später dann eine Zeitung lüpfen und den Blick auf die Schlüssel freigeben, die Brille aus dem Nähkorb holen und die Börse aus der Brotdose.

Viel Dank ernten sie dadurch! Sie werden zu Rettern in der Not. Aber übertrieben sollte diese Tugend des Auffindens nicht werden, denn an Retter in der Not gewöhnt man sich leicht. So leicht – unter Umständen –, dass schließlich der „Verleger" seelenruhig lächelnd herumsitzt, während die übrige Familie hektisch seine Schlüssel sucht.

Wie und wo Leute suchen, gibt übrigens Aufschluss über ihre Wesensart. Verwegen Phantasievolle rücken Schränke von der Wand, wenn sie hinter Schlüsseln her sind. Die Katze könnte schließlich mit dem Schlüssel auf den Schrank gesprungen sein und ihn hinterhältig in den Spalt zwischen Wand und Schrank befördert haben.

Feste Charaktere jedoch verharren an der Stelle, wo sie, ihrer Ansicht nach, den Schlüssel abgelegt haben, und durchwühlen andauernd denselben Haufen Kram; was üblicherweise erfolgreich ist, denn meistens sind verlegte Dinge ohnehin fast dort, wo sie sein sollten.

Tattergreise

Ein Leser fragt bei mir in etwas zynischem Tonfall an, wie ich als emanzipierte Frau zu den kavalierhaften Vergünstigungen stehe, die „Herren alter Schule" schutzbedürftiger Weiblichkeit zukommen lassen und die da sind: Tür aufhalten, in den Mantel helfen, Feuer geben, Sessel zurechtrücken und stehenbleiben, bis Dame sitzt, immer auf der richtigen Gehsteigseite neben Dame herwieseln, Tasche tragen, wenn Inhalt für Dame zu schwer, und dergleichen Artigkeiten mehr.

Also: Ich stehe positiv dazu! Ich schätze es, durch offene Türen zu gehen, ein flackernd Flämmchen vor der Zigarette zu sehen, liebevoll mit Sitzfläche umhegt zu werden, schwere Taschen nicht tragen zu müssen und, falls der Gehweg schmal, die Innenseite benutzen zu dürfen. Ich bin auf freundliche Hege und Pflege sogar derart versessen, dass ich mir solche Wohltaten auch von Frauen zufügen lasse.

Aber etwas nervös macht es mich schon, wenn ein Mann nicht zum Sitzen kommt, weil mehrere Damen ihren Platz nicht und nicht einnehmen wollen. Und ein Mann, der es als seine oberste Pflicht sieht, fünf Damen, die alle ein Feuerzeug haben, mit seiner Flamme zu versorgen, wirkt auch eher störend; besonders, wenn sein Feuerzeug nicht funktioniert und ihm die Damen dauernd ihre Feuerzeuge aushändigen müssen.

Auch mit Herren, die einem allzu hurtig in Mäntel helfen, kann man seine Not haben, weil sie einen so schnell in das gute

Stück hineinstopfen, dass man nicht mehr dazukommt, Mütze und Schal, die man im Ärmel deponiert hat, vorher zu entfernen.

Und dann muss man wie ein drittklassiger Zauberer agieren, um ihrer wieder habhaft zu werden. Doch abgesehen von solchen liebgemeinten Fehlleistungen, bin ich für jedes Seidnett-zueinander-Gehabe.

Ich scheue mich auch nicht, jungen, kräftigen Männern eine Tür aufzuhalten, falls die Klinke gerade in meiner Reichweite ist. Jedermann kann Feuer von mir haben, und findet ein Männerarm sein Ärmelloch nicht, helfe ich gern nach.

Nur lehnen das leider viele Herren ab. Sie stammeln: „Aber nicht doch!“ Manche werden sogar rot. Und einer hat schon giftig zu mir gesagt: „Tattergreis bin ich noch keiner!“ Darum vergreife ich mich nur an Männern, die mich so gut kennen, dass sie meinen Freundlichkeiten keine kränkenden Absichten unterstellen.

Aktion „Streicheleinheiten"

Gibt es in einer Ehe Schwierigkeiten, ist es üblich, dass sich der Ehepartner, der sich als der Schwächere sieht, Verbündete holt, was in der Praxis heißt, dass er in Krisenzeiten – zum Beispiel – nur Leute einlädt, von denen er weiß, dass sie halbwegs seiner Ansicht sind, was die Krise betrifft.

Und dann, nach dem Essen, bringt er den Konflikt zur Sprache, erzählt von der Unmöglichkeit, mit dem Partner auszukommen, von den „Wahnsinnsaktionen", die dieser Mensch setzt, und von der Sturheit, die ihm das Leben zur Hölle macht.

So eine Situation kennen wir doch alle: Da sitzt der Ehemann und sagt: „Und gestern hat sie ..." Und die Gäste staunen: „Was? Du hast wirklich ...?" Und der Ehemann nickt, schaut seine Frau funkelnden Auges an und ruft: „Na, hast du vielleicht nicht? Streit bloß nicht ab, dass du hast ..."

Nein, die Frau kann es nicht abstreiten, sie nicht, aber sie will ihre gestrige Aktion verteidigen, will erklären, warum sie sich so verhalten hat, doch das gelingt ihr nicht, denn die Gäste fallen über sie her.

„Also nein", ruft einer, „so kindisch kannst doch nicht sein!" Und ein anderer: „Wie kannst du nur?" Und der, der eigentlich aus uralter Tradition auf ihrer Seite stehen sollte, rügt: „Ehrlich, so geht's wirklich nicht, meine Gute!"

Blicke der Anteilnahme treffen den Ehemann, die saugt er gierig auf, verschränkt die Arme über der Brust, bekommt den zufriedenen Gesichtsausdruck, den seine lieben Züge seit Tagen entbehren mussten; locker lehnt er sich zurück und sagt: „Na! Glaubst du wenigstens ihnen? Sie sind nämlich objektiv!"

Ich halte jede Wette, dass die Ehefrau ihnen nicht glauben wird. Von einer ganzen Mannschaft heruntergeputzt zu werden, verstärkt nicht Einsichten, sondern den Groll. Der kann in solchen Situationen sogar so vehement werden, dass die Gerügte aufspringt, die Runde verlässt und dabei schreit: „Habts mich doch alle gern!"

Und dann schaut der Ehemann hinter ihr her, zuckt traurig mit den Schultern und seufzt: „Na, da seht ihr's selber! Nichts zu machen mit ihr!"

Die Gäste sehen es und sind ergriffen. Man hat ja nicht geahnt, was der arme Kerl zu tragen hat! Von da an bis zum späten Abschied kriegt der Ehemann nur mehr verbale Streicheleinheiten. Dazu war die ganze Aktion ja auch da! Wer von seinem Partner nicht gestreichelt wird, muss sich eben woanders betreuen lassen.

Der Partner wird's schon richten

Mein Vater war wahrlich kein Mensch von großer und spontaner Entschlusskraft. Besonders wenn es um eher unangenehme Entscheidungen oder Arbeiten ging, war er ein großer Zauderer und Zögerer und schob alles auf die sprichwörtliche „lange Bank". Diesen Charaktermangel versuchte er dadurch zu einer Charaktertugend zu machen, indem er immer erklärte: „So erledigt sich einfach sehr vieles von selbst!"

Hin und wieder hatte er mit dieser Behauptung ja tatsächlich recht. Die Lateinlehrerin, die er drei Jahre lang aufsuchen wollte, um ihr mitzuteilen, dass sie eine „unfähige Pädagogin" sei und seiner Tochter Genialität nicht zu würdigen wisse, ging eines Tages in den wohlverdienten Ruhestand, wodurch sich sein Vorhaben „von selbst" erledigte.

Und die Reparatur des verstopften Waschbeckens erübrigte sich, als ich es aus kindlicher Unachtsamkeit mit einer Sodawasserflasche zu Scherben schlug.

„Na! Hätt' ich mich vielleicht gegiftet, wenn ich das gestern repariert hätt'!", kommentierte mein Vater diesen Vorfall.

Seine Behauptung allerdings, es sei klug gewesen, den Stockzahn nicht plombieren zu lassen, als er sich diesen Zahn an einer Brotrinde ausbiss, erschien mir schon als Kind etwas verwegen. Aber ich hätte ihn nie darauf hingewiesen, dass ein plombierter Zahn gar nicht zerborsten wäre, denn ich hatte viel Verständnis für meines Vaters Lebensart. Meine Mutter hatte dieses Verständnis nicht. Sie war dafür, Unangenehmes „hinter sich zu bringen".

So eine Einstellung hat natürlich allerhand für sich, denn wer nicht gleich am Donnerstag zum Zahnarzt geht, muss oft am Sonntag mit wilden Schmerzen und dicker Wange den Notdienst aufsuchen.

Und wer zwischenmenschliche Aussprachen von einem Tag auf den anderen verschiebt, hat nur üble Träume und entkommt ihnen trotzdem nicht.

Aber mit Vernunftgründen kann man „Verdrängern" nicht beikommen. Sie sind ja nicht aus Bosheit so, sie schaffen das Leben einfach nicht anders. Und gottlob leben sie oft mit Partnern, die diese Einstellung „fix und fertig" macht, die da „nicht zuschauen" können und dann etliches von der „langen Bank" holen und aufarbeiten. Nur echt schade, dass sie für den Partner nicht auch zum Zahnarzt gehen können!

Mahnende Kastentür

Ich kenne einen großen, weißen Vorzimmerschrank, dessen eine Tür ist – bis zur halben Höhe – rot angemalt. Dass das kein innenarchitektonischer Gag, sondern nicht fertiggestellte Arbeit ist, sieht man am zittrig-zackigen Abschluss des roten Stückes. Seit Jahren ist dieser Schrank so. Weil in der Wohnung aber sonst nichts auf lotterhafte Einstellung zur Arbeit hinweist, fragte ich nach und erfuhr:

Die Schrankbesitzerin hatte vor Jahren Streit mit ihrem Mann. Sie warf ihm an den Kopf, was man Männern nach langer Ehe an den Kopf werfen kann – ein Teller war auch dabei –, rief dann, sie hasse den Mann, und wollte die Scheidung.

Der Mann packte ein paar lebensübliche Dinge, sagte, man möge die Scheidungsklage an die Adresse seiner Mutter senden, denn dorthin begebe er sich jetzt – und verließ die Wohnung.

Die Frau gratulierte sich zur längst fälligen Entscheidung und begann die Zukunft zu planen. Aus dieser Beschäftigung riss sie eine Verkehrsmeldung im Radio, die besagte, dass auf der A 1, nahe Ybbs, ein Verkehrsunfall passiert sei. Die Mutter, zu der sich der Mann hatte begeben wollen, wohnte in der Nähe von Ybbs. Und die Frau wusste, dass der Mann zum „Schnellfahren" neigte. In der Zeit, die man braucht, um eine Zigarette zu rauchen, setzte sich in ihr die Meinung fest, ihr Mann sei der Unfallfahrer.

Und dann merkte sie beklommen, dass ihr der Streit mit dem Mann plötzlich unsinnig erschien und dass die Liebe zu ihm so taufrisch in ihr wogte wie am ersten Tage! Bebenden Herzens rief sie die Schwiegermutter an. Dort meldete sich niemand. Die Frau legte es dahingehend aus, dass die arme Frau bereits am Unfallorte sei. Dann rief die Frau bei der Polizei an, drückte sich aber – erregt und verzweifelt – so sonderlich aus, dass man ihr bloß sagte, sie möge in einer Stunde wieder anrufen.

Die Frau stand die Stunde, untätig sitzend, nicht durch. Sie wanderte durch die Räume, kam an einer Dose Lack samt Pinsel vorbei. Wohl wissend um das Sinnlose der Sache, öffnete sie die Dose, tauchte den Pinsel ein und strich die Schranktür. Ein Hauch von Beruhigung war in dieser Tätigkeit. Die Frau malte, bis die Wohnungstür aufging und der Mann, sanft nach Wein riechend, eintrat und sagte, er liebe sein Weib und könne sich von ihm nicht trennen!

Seither hat der Schrank die rote Tür. Als Mahnmal, sagt die Frau. Ein paarmal, sagt sie, habe sie der Anblick der Tür in allerletzter Minute daran gehindert, einen normalen Ehekrach in eine Ehe-Auflösungs-Orgie entarten zu lassen. Dafür, sagt die Frau, könne man ein hässliches Kastentürl schon aushalten!

Wir sind leider kein Naturvolk mehr

Irgendwo bei Neuseeland gibt es eine Insel, dort lebt ein – wie man so nett sagt – von der Zivilisation unentdeckter Eingeborenenstamm. Die Angehörigen dieses Stammes arbeiten, teils weil sie bescheiden sind, teils weil sie auf fruchtbarem Boden leben, nur zwei Stunden am Tag. Sie sind also, im Zivilisationsjargon unserer Breiten ausgedrückt: Freizeitmillionäre!

Freizeit, sagt man, werde in dräuender Mikroprozessoren-Zukunft unser aller gähnendes Problem sein. Da liegt doch die Frage nahe, was der arbeitskarge Eingeborenenstamm den ganzen Tag tut und ob wir uns daran kein Beispiel nehmen könnten?

Das ferne Naturvolk widmet seine Freizeit den Träumen. Nach ausgedehntem Frühstück erzählen alle, was sie geträumt haben. Dann findet „Traumarbeit“ statt. Man interpretiert die Träume und arbeitet sie auf.

Na, wär' das was? Oder haben Sie Bedenken?

Ich habe welche! Bloß ein knappes Achtel meiner Träume – grob geschätzt – halte ich für hemmungslos erzählbar. Ich hege den Verdacht, gewisse Details meiner Träume, Bezugspersonen zur Kenntnis gebracht, könnten deren Zuneigung zu mir etwas verringern. Meine Träume fremden Deutungen preiszugeben, halte ich für eine Zumutung.

Ist mir selber schon unerklärlich, wieso ich mit dem Herrn Pivonka, der mir in wachem Zustand nur Ärgernis ist, eine zärtliche Ehegemeinschaft träume, was würde erst meine Umwelt für Schlüsse ziehen? Ich habe im Traum auch schon am Begräbnis eines nahen Verwandten teilgenommen; und dies ohne größere Gemütsbewegung.

Meine heitersten Träume sind die, in denen ich überhaupt keine Familie besitze, und einmal, in einem Traum, traf ich eine verhasste, ehemalige Schulkollegin, die stellte mir ihren Mann und ihre Kinder vor, und ich war erfüllt von schadenfroher Genugtuung, weil die Vorgestellten mein Mann und meine Kinder waren.

Solche Träume sind nicht unverfänglich genug, um sie nach dem Frühstück zu erzählen! Und sicher geht das nicht nur mir so. Leute, die mir Geträumtes berichten, plötzlich stocken und murmeln: „... und dann, dann weiß ich nicht weiter ...“, wüssten sehr wohl weiter! Sie schweigen bloß, besorgt um ihre zwischenmenschlichen Beziehungen.

Ich kenne einen Mann, den irritierten die Träume seiner Frau so, dass er sich scheiden lassen wollte. Als die Frau hierauf die Träume bei sich behielt, wurde er noch böser. Schließlich ging sie dazu über, ihm Träume zu erfinden. Womit die Ehe gerettet war.

Elternwille gegen Kinderwille

Es gibt Kinder, die fast immer ihren Willen gegen den Willen der Eltern durchsetzen, und es gibt Kinder, die das nie schaffen. Dieses unterschiedliche Durchsetzungsvermögen kann nicht nur vom Erziehungsstil der Eltern abhängen.

So einfach, dass gutmütige, tolerante Eltern willensstarke Kinder haben und autoritäre Eltern willensschwache Kinder, ist die Sache nicht, denn es gibt auch Familien mit mehreren Kindern, wo ein Kind „immer alles erreicht" und die anderen sich brav einfügen, unterordnen, anpassen – egal, wie man es nennen mag –, ihren Willen jedenfalls nicht durchsetzen.

Ich kenne viele Erwachsene, die es heute noch dem Bruder oder der Schwester übel nehmen, dass diese seinerzeit in Kindertagen „immer ihren Kopf durchgesetzt haben".

Und fast alle diese Leute meinen, die Eltern hätten eben das Geschwister viel lieber gehabt und ihm deswegen mehr „durchgehen lassen" und mehr Zuwendung zukommen lassen. Dem kann so sein, ist aber nur selten so!

Kinder, die ihren Willen durchsetzen, haben einfach die bessere „Durchsetzungsstrategie". Sie sind nicht kompromissbereit, nicht „konstruktiv-aktiv", wie das fachsprachlich heißt.

Sie setzen entweder auf „Steuerung durch Vorwürfe und Entwertung". Sie jammern etwa: „Alle bekommen mehr Taschengeld, auch die, die ärmere Eltern haben! Nur ich darf nie etwas haben! Ihr seid ja so gemein!"

Oder sie legen sich „Anpassung im Sinne sozialer Erwünschtheit“ zu. Sie sind „lieb“, sie betteln, sie geben Papa und Mama Küsschen und Unmengen von Streicheleinheiten.

Und natürlich kann ein Kind seine Eltern auch noch durch „Bestrafung und Ignorieren“ steuern. Es schreit, es nervt, es tobt, es macht Sachen kaputt oder ist trotzig und stumm und bricht die Kommunikation einfach ab und tut unbeirrbar weiter, was es nicht tun sollte.

Und Sie, geneigte Leserin, die Sie Ihre Kinder so vorzüglich zu lenken, zu leiten und zu steuern wissen, welcher „Durchsetzungsstrategie“ Ihrer lieben Kleinen fallen Sie zum Opfer?

Jetzt, wo ich Ihnen das so schön fachsprachlich erklärt habe, muss es für Sie ja ein Leichtes sein, das festzustellen!

Mit anderer Leute Problemen leben

Angeblich glauben nur 8 % der Bevölkerung, ein Mensch habe mit seinen Problemen ganz allein fertigzuwerden, und leben auch danach.

Die restlichen 92 % vertrauen sich, wenn sie Probleme haben, ihren Mitmenschen an. Freunde, Familienangehörige und Berufskollegen sind es, bei denen man Kummer und Sorgen, Ängste und Bedrängnisse ablädt und sich Rat holt, so man nicht professionelle Hilfe zur Lösung seiner Konflikte beansprucht und sich einen Therapeuten oder Analytiker leistet.

Und dann gibt es noch die Leute, die weder auf Freunde, Kollegen oder Familienmitglieder bauen und auch – sei es aus Geldmangel oder Vorurteil – die fachmännische Hilfe scheuen.

Diese Leute gehen im Kummerfalle in die Bar, zum Friseur, oder sie setzen sich in ein Taxi.

An der Bar, egal, ob beim Barkeeper oder der Bardame, sollen es hauptsächlich die Männer sein, die sich ausweinen, beim Friseur oder der Friseurin erzählen vorwiegend die Frauen ihr Leid, in Taxis klagen angeblich Vertreter beiderlei Geschlechts gleichermaßen häufig.

Ob die Hilfeleistung, die in Taxis, Bars oder Coiffeur-Salons gegeben wird, nur aus „Ja, ja“ und „Es ist ein Jammer“ besteht oder aus brauchbaren, lebensklugen Ratschlägen, hängt nicht von der Art des Problems ab, das da vorgetragen wird, sondern auch von der Bereitschaft der kopfwaschenden, servierenden oder lenkenden Menschen, auf anderer Leute Probleme einzugehen. Aber sowohl die „Ja, ja"-Murmler als auch die „Da müssen Sie sofort"-Rater müssen, wenn sie nach Arbeitsschluss heimkommen, den Kopf voll Traurigkeit, Ungerechtigkeit, Tristesse und Schicksalsschlag haben.

Man sage nicht: Ach, das geht bei einem Ohr hinein und beim anderen heraus! Da bleibt allerhand zwischen den Ohren hängen, auch wenn sich der, der zuhören muss, redlich Mühe gibt, alles zu vergessen.

Und wenn ich mir jetzt noch vorstelle, dass eine Friseurin mit einem Barkeeper verheiratet ist und der Schwiegervater, der Taxi fährt, bei ihnen wohnt, wird mir weh ums Herz.

So eine Familie hätte – auf Kassakosten! – zweimal wöchentlich Anspruch auf einen Humoristen, der Hausbesuche macht.

Als Sigmund Freud darf jeder pfuschen

Dass Leute, die von einem Handwerk nichts verstehen, besser die Finger von diesem lassen sollten, hat sich herumgeredet, weil die Unfälle und Schäden, die durch falsch reparierte Bügeleisen, Abflussrohre, Autos, Betonüberlager und dergleichen entstanden sind, als warnende Belege allseits bekannt wurden.

Und falls sich doch jemand dumm und unwissend über Bügeleisen, Autos, Abflussrohre, Betonüberlager und dergleichen hermacht, werkt er üblicherweise nur an seinem eigenen Hab und Gut unsachgemäß herum.

Kaum jemand drängt sich auf, anderer Leute Bügeleisen kurzschlussgefährlich zu reparieren oder anderen Leuten Betonüberlager einsturzgefährlich einzumauern. Die Verantwortung, sagt man in solchen Fällen, könne man nicht auf sich nehmen.

Nur zur Behebung von psychischen Schäden an Menschen fühlt sich fast jeder Ungelernte bestens befähigt. Hat jemand in der Freundschaft, Verwandtschaft oder Bekanntschaft ernste Schwierigkeiten mit sich selbst, ist man zur Reparatur bereit!

Man krempelt sich die Ärmel auf und greift zum Handwerkszeug, bestehend aus zwei Dutzend vager Fachausdrücke. Wäre doch gelacht, wenn wir den Kerl nicht hinkriegen!

Tante Anna nimmt sich das „Reparaturstück“ vor und fragt es nach seiner Kindheit ab, weil ja jeder weiß, dass von dort alles Ungemach herrührt. Schwester Berta hat einmal ein kluges Buch gelesen, in dem stand etwas über „paradoxe Intervention". Die geht einfach! Mit der behandelt sie nun den armen Bruder.

Und die Freunde Curt und Dolferl können sich nicht einigen, ob der Freund nun eigentlich ein Neurotiker oder ein Psychopath ist. Und Freundin Elsi meint, das sei Jacke wie Hose, man müsse sich mehr ans „Psychodrama" halten, und veranstaltet es nun allabendlich im Rahmen der Zweierbeziehung.

Wie auch immer, von Tante Anna bis Freundin Elsi weiß jeder, was der arme Mensch hat, woher das rührt und wie es zu beheben ist!

Es ist ja löblich, dass der Mensch den geliebten Mitmenschen nicht leiden lassen will und ihm helfend beistehen möchte. Das soll er ja auch. Nur soll er – bitte schön – nicht den gelernten Handwerker, den Fachmann, den Experten spielen.

So viel Respekt wie vor einem Bügeleisen, einem Abflussrohr und einem Betonüberlager sollte man auch vor Menschenseelen haben.

Inhaltsverzeichnis

4. Trautes Heim

5. Aktion Streicheleinheiten

Christine Nöstlinger

Eine Frau sein ist kein Sport

Das Hausbuch für alle Lebenslagen

Humorvoll-bissige, witzig-ironische Geschichten über den Alltag unter Mitmenschen, Männern und Kindern

Eine Frau sein ist kein Sport und schon gar nicht olympisch, aber oft schweißtreibend genug. Im Dauerlauf zwischen Haushalt und Beziehungskisten, zwischen Eheleben und Kindererziehung kann einem schon manchmal die Luft ausgehen, die frau zum Lachen braucht. Denn kein Problem, vor das einen der ganz normale Wahnsinn des Familienalltags stellt, ist so ernst, dass es sich nicht mit Humor lösen ließe. Das beweist Christine Nöstlinger auf ihre unnachahmliche Weise, voller Witz und Gelassenheit, mit einem liebevoll ironischen Blick auf das Leben und seine kleinen wie größeren Herausforderungen. Dieses Buch versammelt ihre schönsten Glossen und ist Trost und Rat in allen Lebenslagen.

Christine Nöstlinger

Iba de gaunz oamen Leit

Gedichte

Ein Klassiker der Wiener Mundartdichtung!

In den 1970er Jahren veröffentlichte Christine Nöstlinger drei bemerkenswerte Gedichtbände, die die soziale Lage von Menschen aus dem Arbeitermilieu widerspiegeln – „Unterschicht“, so nannte man das damals. Diese Trilogie ist inzwischen ein Klassiker und viele Figuren sind berühmt geworden. Nöstlingers Gedichte sind eine Würdigung der Menschen, denen es „hint und vuan ned zsamgeht“, die aber trotzdem jeden Morgen wieder aufstehen.
„Iba de gaunz oamen Leit“ erzählt jenseits von Wiener Gemütlichkeit und lustvoll-humoriger Sozialpornografie von Schicksalen, die nachdenklich stimmen. Ihr Blick auf die Menschen und deren Schicksale ist dabei niemals anklagend. Sie betrachtet ihr Umfeld liebevoll, mit kritischer Distanz und Respekt.